JN081915

今と未来がわかる

ビジュアル
図鑑
Visual book

南 涼子 著

色彩心理

ナツメ社

近年「色彩心理」、「色の心理学」という言葉は、一般的に知られるようになりました。あなたもどこかで一度は目にしたり、聞いたりしたことがあるのではないでしょうか。

しかしまだ「色」は、「不確実」で「あやふや」なものだという認識があり、人によってまったく違ったポジションで精神物理学（心理物理学）、知覚心理学、美学などの学問のテーマとして取り上げられる一方、色には見えない力が宿るとされるなど、宗教的観念とも強い結びつきがあります。色を伝える光は電磁波であることから、疑似科学的にも扱われるケースも頻繁に見られ、特定の色が幸運を呼ぶ、使うと運気が上がるといった現実離れした話も聞きます。そうしたことから、色の持つ作用や効果について、不明瞭で疑わしいイメージを持っている人も多いでしょう。

けれども、色彩は私たちにとって生きる上で必要な視覚情報であり、心を豊かにする糧となります。色が、日々の気分、選択、決定、行動に大きく関わり、文化風習、経済活動、さらには心身の健康にも大きく影響しているのは明白です。またファッション、インテリア、建築、広告など、色彩が役に立つビジネス分野も多くあります。

この本のテーマである「色彩心理」は、関連する分野が幅広く、その範囲も多岐にわたっています。未だ学問としての成立には至っていませんが、人と色との関わりを考える上では欠かすことのできない領域といえます。

私は色彩の専門家として介護・医療の分野の色を主軸として扱い、25年以上活動しています。本書は最新の研究データとそれらの実例をもとに、「色彩心理とは何か」を客観的にとらえ、紐解くスタンスで書き進めました。

色彩心理の基盤となる色彩学の歴史から基礎理論とその発展、ここ最近の国際化やSDGsの広まりによるジェンダーレスに伴った色彩感覚の変化、ユニバーサルカラーデザインといった最新の理論も紹介しています。

第1章ではここ最近の病院や介護分野での色の使われ方と役立てられ方、超高齢社会の現在、色がどんな役割を担っているのかについて解説しています。さらに色彩心理の根底にもなっている色彩学の成り立ちと歴史、現在の色彩心理の定義も理解できるでしょう。

第2章は色彩心理のベースとなる色の基礎知識に関する内容です。視覚のメカニズム、認知システム、時代や文化によって異なる色の認識について紹介しています。ここでは色の驚くべき効果を体感し、色彩心理の本質や背景を知ることができます。

　第3章では色とともに世界と国内を旅しましょう。国や地域、文化で異なる色のイメージや使われ方について案内します。本章での旅はあなたの視野と見識を広げるきっかけとなるはずです。思わず人に話したくなるエピソードがたくさんあることでしょう。

　第4章は色のイメージの成り立ちや由来、特性、性質、社会的役割、具体的な効果などから、各色をひとつずつ掘り下げていきます。多角的な視点から色の特徴と応用の仕方を学べます。さらには心理状態によって異なる色の見え方とメカニズム、うつ病や自閉スペクトラム症の方の色の好みやその原因、心惹かれる色と拒否する色、カラーワークについて解説しています。

　第5章は心身の状態をより良い状態に導く食べ物の色と、衣服の色の効果と使い方について述べています。味覚は色によって大きく左右され、その味わいを変える力があり、色には心理状態を幸福な状態へと導く効果もあります。衣服も食べ物と同様に心をシフトチェンジするはたらきがあるので、リフレッシュやモチベーションアップに取り入れてみてください。

　第6章は住空間において色が人間にもたらす影響と、色彩計画について研究データを元に具体的に解説しています。私たちを取り巻く色は直接的に健康に関わるため、その影響は決して軽視できません。またここでは現在最新の色彩動向について知ることができます。

　今回、自分の持てるものすべてを投入する気持ちと、読者の皆様と色とともに時空を旅するイメージで執筆しました。最後に、画像のご提供にご協力いただきました企業各社様、編集者の大西智美氏に心より御礼を申し上げます。そして本書が少しでも多くの読者の皆さんの健康と暮らし、前向きな気持ちを後押しすることを心より願います。

南　涼子

contents

第1章

色彩心理とは何か考えよう

第2章

色の基礎知識を学ぼう

第3章

国や文化で異なる色のイメージ

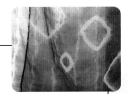

第4章

色のイメージと心理的効果

第5章

色の使われ方とその効果 食・衣編

第6章

色の使われ方とその効果 住・生活編

※本書の色見本や写真の色は CMYK の4色で印刷されているため、その色の再現には制約があり、十分でない部分もあります。表示される色は参考としてご覧ください。

色彩心理とは何か
考えよう

病院や介護の事例から色の影響について考えよう

色が私たちにどのような影響を及ぼすのか。身近な例から考えてみましょう。

色が症状に影響を及ぼす?

さまざまな研究結果から、私たちを取り巻く色は、感情にはたらきかけて特定の気分を作り出し、生理的な影響を及ぼすことがわかってきています。

たとえば少し前まで病院では、衛生面からも汚れが目立ちやすく、清潔なイメージを与える白が多く使われてきました。しかし最近では、白は冷たく無機質に感じられやすいとされ、不安を抱える患者さんの心理面にネガティブな感情を引き起こしやすいことが知られるようになりました。

その代表的なものが「白衣恐怖症」、「ホワイトコート症」といわれる症状です。この症状は白衣を見ると緊張して血圧が上がるのが特徴で、患者さんの病状を悪化させる恐れもあります。

またある病院のアンケートでは看護師の制服が白だった時には、「対応が素っ気ない」、「冷たい」という声が寄せられ、パステルカラーの制服に変えたところ、「話をよく聞いてくれる」、「親切」、「声をかけやすい」という好意的な評価になったという事例もあります。

こうしたことから病院で使われる色が見直されるようになり、現在では医療スタッフのユニフォームをはじめ、待合室、病室、手術室から医療機器まで、白以外の色彩の持つ効果が注目されています。

病院側だけではなく、治療を受ける患者さんのパジャマの色が回復に関わるケースもあります。回復途中にある患者さんであれば、パジャマの色をカラフルにすることで、刺激が生まれて

色は病院のホームページや看板、院内のサイン計画でも用いられている。写真は福島県立医科大学附属病院の院内の皮膚科エリアのスペース。総合病院などでは多くの診療科目があるため、色を使ってエリア分けしている（208〜209ページ参照）。

気持ちが明るくなり、リフレッシュできるなどの効果が期待できます。

最初は白衣ではなく黒衣だった

医師の服の色といえば「白」が定番色と思われていますが、意外なことに19世紀半ばまで西洋の医師の服の色は「黒」でした。黒はもともと司祭や聖職者の祭服の色であり、厳粛さを表す色でもあります。その当時、医療がそれほど発達していなかったため、いんちきや疑似科学が横行し、病を治せない場合がほとんどでした。そのため患者さんとの問診の際に、医師は「威厳」を表す黒衣を着て権威を保っていたのです。

医学が発達した現代では、厳粛さを表す「黒」は医療の現場には必要なくなり、純粋で嘘偽りなく患者さんと接する「白」が「信頼」や「知識」の代名詞となり、現代医療の象徴としてふさわしい色となったのです。

働くスタッフにも影響を与える

看護師のユニフォームは、一昔前までは医師と同じく白が定番でしたが、今はバラエティ豊かな色が多く採用されるようになりました。最近では職種や担当別、診療科目別に色分けを行ったり、日勤と夜勤でユニフォームの色を変えたりすることで業務が効率化されています。

そのひとつの取り組みとして、熊本市中央区の熊本地域医療センターが

黒の衣装と白の衣装が与えるイメージ

裁判官や検察官などが法廷で着用する「法服」は黒。黒は何色にも染まらない色であることから公正さを象徴している。

医師が着用する「白衣」の白は清潔感があり、信頼感や患者に対する誠実さを象徴している。

2014年度から働き方改革の一環として制服を色分けしたところ、残業時間がかなり減ったという事例報告があります。

これは病棟の看護師約200人に対し、日勤を赤、夜勤を緑という「ユニフォーム2色制」にしたところ、当時1人当たり約110時間あった残業時間が翌年度には半減、2019年度には7分の1の約14時間近くまで減ったことが確認されたというものです。勤務時間帯を色で可視化すると勤務終了時間がすぐにわかるため、医師や同僚が退勤時刻に近いスタッフに新たな仕事を頼まなくなり、スタッフ自らも定時の退勤を心掛けるようになったということです。

どこの病院でもオーバーワークで疲弊していることが多いとされる医療スタッフにとって、ユニフォームの色分けは働く人達に大きなメリットをもたらします。色をユニフォームに取り入れることは、患者さんによい影響をもたらすだけでなく、病院のムードも明るく華やかになり、スタッフ自身も楽しく業務に取り組むきっかけとなるのです。

■ 色が高齢者の生活をサポート

次に介護施設での色の事例を紹介しましょう。

超高齢社会となった今、色彩は高齢者の生活をより豊かで安心できる環境にするために、大きな役割を担っています。殺風景だった高齢者施設も近年では彩り豊かになり、色彩は住環境だけでなく衣生活の充実、食事やメンタルケアなどにも役立てられ、高齢者のQOL（クオリティ・オブ・ライフ＝生活の質）を高めます。

ここではどんな場面で高齢者の生活に色が役立てられているのか、代表的な事例を紹介します。

ケア環境の色と光は利用者の感情に作用し、暮らしやすさに直接関わります。色は加齢や白内障などの疾患によ

熊本地域医療センターでは看護師のユニフォームに2色制を導入し残業時間が激減した。このアイディアのヒントはアメリカンフットボールで、攻めと守りの分業が色で明確化されていることから、同病院の元院長が思いついたもの。2022年7月にリニューアルし、日勤がロゼ（赤）、夜勤がネイビー（紺）となっている。

特別養護老人ホーム館山明光苑の共有スペース。利用者の居住スペースの認識に役立てるため、ユニットごとにテーマカラーを設定し、一部の壁にアクセントクロスを用いている。ピンクのエリアは桃、黄色のエリアは麦、青のエリアは空という名前をつけて特色を持たせている。

って低下した視覚機能をサポートするはたらきがあり、見えにくさを改善して安全性を高め、心理的状態の調節、問題行動の軽減に役立てることができます。

　1日の大半を施設内で過ごす高齢者は、住空間の影響を受けやすいことから、最近ではたとえば心理的な安心感を与えるとされる緑や青、冷えを軽減する赤やオレンジなど、心身の健康状態に配慮した色が使われる施設が増えています。第6章で詳しく説明しますが、上の写真がその一例です。

　また、介護スタッフのユニフォームの色は、介護施設では高齢者とのコミュニケーションの大切なツールとして考えられています。高齢者は明るくはっきりしたユニフォームの色を好み、紺と黒の組み合わせや地味で暗い色を嫌う傾向があります。さらにユニフォームの色は施設全体の理念とサービス方針に反映し、職場の雰囲気にも影響することがあります。

　医療ユニフォームメーカー、フォーク株式会社の2022年売上ランキングでは、着る人を選ばないという理由からかネイビー系の色が1位と2位を占めていますが、接する利用者にどんな印象を与えたいかを考えて色を選ぶことも大切です。

▨ 介護福祉を象徴する色、オレンジ

　色は介護福祉を象徴するメッセージカラーとしても広く活用されており、特にオレンジはその代表色といえます。

　近年の例としては、認知症の人を優しく見守り支援する全国的な活動、「認知症サポーターキャラバン」における「オレンジリング」があります。

　オレンジリングとは、市町村等が開催する「認知症サポーター養成講座」を受講した人に渡される、オレンジ色のリストバンドです。オレンジリングを身につけているということは、認知症について理解し、支援するサポーターの証となります。

　オレンジ色が用いられる理由としては、江戸時代の陶工で世界に高く評価された酒井田柿右衛門の赤絵磁器が柿の実からインスピレーションを得たことに由来し、認知症サポーターの証で

認知症サポーターの目印となるオレンジリング（上）と認知症サポーターキャラバンのロゴ（下）

色絵唐獅子牡丹文十角皿（柿右衛門様式／佐賀県重要文化財。佐賀県立九州陶磁文化館蔵）
白い陶器の中に描かれる美しい赤色が特徴的。この色がオレンジリングのオレンジ色の由来。

あるオレンジリングを世界に広めたいという思いを込めて、その柿色をモチーフとしたのだそうです。

　他にも「国際アルツハイマー病協会」（ADI）では、1994年に世界保健機関（WHO）と共同で毎年9月21日を「世界アルツハイマーデー」と制定し、この日を中心にアルツハイマー病の啓蒙を実施しています。日本でもこの日には各地で、オレンジライトアップをするイベントが数多く行われています。オレンジのライトアップは、認知症サポーターのオレンジリングにちなんでおり、こちらにもライトアップを通して認知症サポーターに代表される認知症への正しい理解と支援の精神が世界に広がってほしいという願いが込められています。

世界アルツハイマーデーのライトアップのようす

9月21日の世界アルツハイマーデーを中心に、2022年も各地のランドマークや庁舎などが認知症支援の色であるオレンジ色にライトアップされた。

窓ガラスに認知症サポーターのシンボルであるオレンジリングが浮かび上がった厚生労働省の庁舎（左上）、オレンジ色にライトアップされた法務省旧本館（左下）と東京都庁（右）

オレンジが用いられる理由

オレンジ色には、温かい触れ合いを強くイメージさせ、人と人との支え合いを象徴する意味があります。オレンジ色は、親切で話しかけやすい、親しみやすい、フレンドリーなど、思いやりとサービス精神のメッセージを伝えるはたらきがあります。

高齢になると身体機能が低下し、できなくなることが増え、自分の役割や大切な人を失うなど、多くの喪失を経験します。そのため孤独感を抱える高齢者は決して少なくありません。特に介護を受ける状況にある高齢者は、孤独感が強くなる傾向があります。

色の中で穏やかな温かみを最も感じさせるオレンジは、そうした高齢者の寂しさや孤独感に寄り添うのに適した色です。オレンジ系統の色は、私たちの肌の色合いでもあるため、心理的な温もりを覚えやすく、孤独を和らげる色なのです。

人は古代から
色に力が宿ると考えてきた

人は色をどのようにとらえ、関わってきたのでしょう。その歴史を簡単にたどります。

■ 色は生きるために必要な情報

澄み渡る青い空、茜色の夕焼け、紺碧の海、大地の茶色、木々の緑、色とりどりの美しい花の色。これらはすべて私たちを取り巻く偉大な自然の色であり、生命に欠かすことができないエネルギーの象徴です。

たとえば青い実が赤く熟せば食べ頃となるのが理解できるように、太古より人間にとって色は食物を得るための重要な判断材料であり、健康状態の良し悪し、天候の変化などは外界の色や光から感じ取っていました。色は「生きるために欠かせない情報」でもあったわけです。

■ 色を使う始まりは呪術から

やがて人間は、すべての自然物や自然現象の色には個々の意味と力があると考え、おのずと生活のあらゆる場面で色彩を使うようになりました。人類が最初に色を使うようになったのは35万年前の前期旧石器時代といわれています。自然信仰としての「呪術」として、主に「祈りの儀式」や「病気治療」、「魔除け」などに使われていました。

また身体に赤土を塗布したのは狩りの成功や豊作への祈り、入れ墨を施すのは魔除け、死者や墓への赤い彩色は再生の意味が込められていると考えられています。

日が昇り空が明るい色になると暖かくなり、暗い色になると寒くなる。色は古代から生きるために必要不可欠な情報だった。

薬として用いられた鉱物

A **マラカイト**
眼病を防ぐとされ用いられていた。

B **エメラルド**
解毒、下剤、消化の効果があるとされていた。

C **琥珀**
神経痛やリウマチに効果があるとされていた。

後期旧石器時代には、赤や黄色、褐色、黒、白で彩色されたスペインのアルタミラやフランスのラスコーの洞窟壁画（約1万7000年前）が描かれています。これらには動物崇拝といった宗教的な意味合いが込められているといわれています。

この頃、色は淡い色よりも濃い色のほうが力を持つと信じられ、主に土や鉱物から顔料（18ページ）が採取されていました。

染色や薬に用いられていく色

紀元前3000年頃になると、自分たちがまとっている衣服や装飾品にも着色を行うようになりました。布の染色には植物や動物の血液、貝などが原料として使われ、染色文化はインド、エジプト、中国、ヨーロッパなどで盛ん

に行われていたことがわかっています。

鉱物や植物によって得られる色の原料には、実用的な防腐効果があることから、薬としても用いられていました。紀元前1500年頃に書かれたといわれるエジプトの薬事記録には、便秘には赤い焼き菓子、負傷した時には山羊の脂肪と蜂蜜と朱色の墨汁で練った軟膏を貼るなどといった方法が記されています。

その他にも薬の材料として、眼病にはアイライン用の顔料としていた孔雀石（マラカイト）、解毒や消化にはエメラルド、耳の痛みやリウマチには琥珀など、宝石類を中心とした鉱物を用いた治療も行われていたとの記録が残っています。これらは主に内服薬や膏薬として用いられました。

色彩学の始まりと現代までの流れ

色の考察は古代ギリシャから始まり、ニュートン、ゲーテらによって進展しました。

▨ 色彩論の登場

布の染色技術が進むようになると、彩り豊富な服飾文化が生まれ、やがて色自体が身分や階級の象徴へとつながっていきます。稀少で手間のかかる染料が使われる色は、身分の高い者しか身につけてはならない「禁色」とされ、官位によって色が分けられるといった文化、風潮が生まれるようになりました。

豊かな彩色が施された建築物や工芸品も誕生し、人々の生活において色は衣食住において日常的なものとなっていったのです。

その中で紀元前4世紀のギリシャでは、色は哲学や学問の一分野としてとらえられるようになり、人類において最初となる「色彩論」が登場します。

ピタゴラス、デモクリトス、プラトン、アリストテレスなどの哲学者が「色彩とは何か」ということについての考察を行い、さまざまなスタンスからの議論が交わされました。なかでもアリストテレスは「すべての有彩色は白と

██ 顔料と染料 | 色のもととなる色材には顔料と染料がある。

顔料	物体の表面に付着して色を出す。水やその他の溶剤に溶けない。主に塗料や絵の具、印刷インキに使用される。	無機顔料と有機顔料があり、天然の無機顔料には土や泥、赤鉄鉱、辰砂、ラピスラズリなどの鉱物系のものや、墨、インディゴ、マンゴーの樹液など動植物から得られるものがある。
染料	物体の中に浸透して色を出す。水に溶ける。繊維の染色に使われる。	茜、紅花、苅安、紫根、くちなしなどの草木や貝紫などの動物系の原料から抽出した天然染料と、石炭や石油などを原料とした化学的な合成染料がある。

黒の間に位置づけられる」と唱え、彼の理論は、後世のヨーロッパの色彩文化において長い間影響を及ぼし続けました。

ニュートンにより色の研究が進展

中世ヨーロッパでは、色の扱いは錬金術をはじめ、次第に宗教的、神秘的、象徴的なものになりますが、中世後期になると色の物理的なはたらきに焦点が当てられていきます。その後のルネッサンス期には、レオナルド・ダ・ヴィンチが配色理論を提唱し、多くの芸術家も積極的に色彩を研究しました。

そしてこの間にレンズを使った眼鏡や拡大鏡が発明され、17世紀には顕微鏡や望遠鏡を使った研究が盛んに行われるようになりました。

万有引力の法則で知られるI.ニュートンは、鮮明な像が見える性能のよい天体望遠鏡の開発に取り組んだことをきっかけに、プリズムを用いた分光実験を行います。

彼は実験で太陽光をプリズムに通すと光が分散される現象を発見し、光は屈折率が異なった色の光の集合体（スペクトル）であることを突き止めました。そして、色は光であることを物理的に証明しました。その後、発表した著書『光学』では、スペクトル実験だけではなく、「光は色のついた粒子である」と述べ、その研究と考察によって色彩研究の分野は飛躍的に進歩します。しかし「粒子説」だけでは、光とは何かについては完全には答えられませんでした。

プリズムを用いて光を分解すると

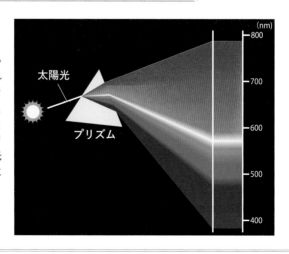

暗室の窓に開けた穴から太陽光（白色光）を入れてプリズム（透明なガラスの三角柱）に通すと、赤、橙、黄、緑、青、藍、紫の色の光の帯（スペクトル）が現れる。白色光はさまざまな色の光によって構成されたもの。

19

■■ ニュートンの功績

アイザック・ニュートン
Isaac Newton
（1643-1727）

イギリスの物理学者、天文学者、数学者。万有引力の法則、運動に関する3法則を発見して構築した理論体系はニュートン力学（古典力学）と呼ばれる。『光学』でも光の粒子論を唱え、それまでの概念を覆し、色彩学の発展に大きく貢献した。

© Roger-Viollet/amanaimages

■ 色彩心理の扉を開いたゲーテ

19世紀にはニュートンの理論を元にした研究はさらに進みましたが、ドイツの詩人で作家の J.W. ゲーテ は、「感覚」が最も重要であると考え、ニュートンの理論を批判的にとらえていました。ゲーテが著した『色彩論』では、色彩の見え方と感覚、生理的、精神的作用に対するアプローチがなされ、その研究は色彩心理や知覚心理学など、新たな分野へと足を踏み入れる一歩となったのです。

そしてイギリスの物理学者 J.C. マクスウェル が「光は電磁波の一種である」という電磁波理論を完成させます。彼の理論はドイツの物理学者 A. アインシュタインによって確立され、現代の色彩理論が築かれたのです。

■ 色覚についての理論も展開

さらに同時期、私たちがどのようにして色を感じるのか、色を知覚するしくみ（色覚）についてさまざまな説が登場します。まずイギリスの物理学者 T. ヤング が、「目が色をとらえるのは、目の中に赤、緑、青を感じる3つの細胞があるためである」として「光の三色説」を発表。この理論はその後ドイツの生理学者 H. ヘルムホルツ が体系化したため、ヤング - ヘルムホルツ説とも呼ばれています。

続いてドイツの生理学者 E. ヘリング が、色は「赤 - 緑」「黄 - 青」「白 - 黒」の3対の応答によって知覚されるという「反対色説」を打ち出しました。これは後に、三色説の処理が行われた後、反対色のはたらきによって色

三色説と反対色説

色が知覚されるメカニズムについては、まず三色説が生じ、その後に反対色説が生じているという「段階説」が有力とされている。

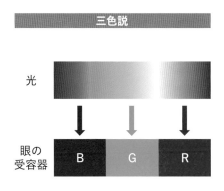

三色説

光

眼の
受容器

B　G　R

赤、緑、青の3色に対する受容器があり、それぞれの反応の割合によってすべての色が知覚されるという説。

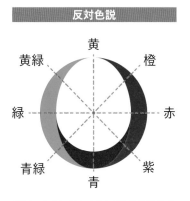

反対色説

黄
黄緑　　橙
緑　　　　赤
青緑　　紫
青

反対の2色に反応する赤緑視物質と黄青視物質があり、それぞれが同化または異化して色を知覚するという説。

が知覚されるという「段階説」へと発展しています。

カラーシステムの確立

　20世紀になり、産業や工業が発展し、さまざまな色材が扱われるようになると、あらゆる場面で色の正確な再現性が求められ、客観的に伝達を行う必要性が高まったことから、国際的に共通性を持つ体系的な色の表示の方法が考案されるようになりました。この表示の方法をカラーシステム（表色系）といいます。

　1905年にアメリカの画家で美術教師のA.マンセルが「マンセル・カラーシステム」を、1923年にドイツの科学者であるW.オストワルトが「オストワルト表色系」を考案し、1931年には国際照明委員会（CIE）による「XYZ表色系」が誕生しました。マンセル・カラーシステムとXYZ表色系は汎用性が高く、今でも広く活用されています。日本では1964年に開発された「PCCS（日本色研配色体系）」が現在も色彩教育や検定で使用されています。

　カラーシステムについては第2章で詳しく説明しますが、現在もさまざまなカラーデザインやカラーマーケティング、建築、ファッションなどありとあらゆる場面に用いられています。

色彩と心理の研究の歴史と現状

色彩と心理についての研究の歴史はまだ浅く、19世紀から始まったとされています。

色は人の行動をナビゲートする

色が患者の不安を和らげ、高齢者の生活と健康をサポートするなど、冒頭で紹介した病院、介護施設の事例から、生活や社会の中で色が役立っていることがわかったかと思います。

前述したように、色は人間が生きるために必要な手がかりです。その情報は今でもDNAを通して現代に生きる私たちへと伝わり、生活に役立てられています。そうしたことを含め、色はイメージ、連想と関わりが深く、直接的に「危険」、「注意」、「安全」などのメッセージを伝えることから、信号、サインをはじめとする日常のさまざまな場面で用いられています。他にも赤は「熱さ」、青は「冷たさ」を示す記号として機能するなど、色は日頃のありとあらゆる場面で私たちの行動をナビゲートしています。

色は重要な視覚情報

色は五感の感じ方にも密接に関わります。五感とは、私たちが目を通して見ているビジュアル（視覚）、聞こえる音（聴覚）、感じる匂い（嗅覚）、ものに触れたときの感触（触覚）、料理などの味わい（味覚）の5つの感覚のことです。

たとえば踏切や標識で見られる黄×黒の組み合わせは、注意を引く目立つ色であるとともに、ハチなどの危険な生物の体色でもある。
黄と黒は「危険」というメッセージが伝わりやすい色の組み合わせといえる。

私たちが外部から受け取っている情報は、80％以上が視覚によってもたらされているといわれています。色は形、動きとともに最も情報量の多い視覚で受け取る情報のひとつです。色、形、動きの情報はそれぞれ独立して脳に届きますが、解析にかかる時間が異なります。ある実験では色→形→動きの順番となり、色に気づいてから動きに気づくまでの時間は 0.07 秒ほどの差があります。

また色は視覚の情報のうち半分以上を占めているともいわれており、色がいかに私たちの認知に大きな影響を与えているかがわかります。

■ そもそも色彩心理とは？

さらに色は私たちの感情に強く結びつき、生理的な影響をもたらします。

色の情報が伝わる経路には、大脳の視覚野で「物の色・形・動き」を認識する「視覚経路」と、視覚野以外の大脳辺縁系や 松 果体などに作用を及ぼす「非視覚経路」の 2 つがあります。後者の経路は、情動や自律神経、ホルモンの分泌、生体リズム、睡眠・覚醒、内臓のはたらきなどに関わっています。

私たちが色を見て、ただそれがどういう色なのかを把握しただけでは終わらず、何かしらの「感覚」や「感情」が生じ、生理的な変化を引き起こすの

脳に色の情報が伝わる経路

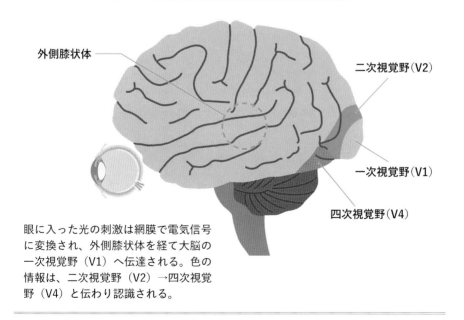

外側膝状体

二次視覚野（V2）

一次視覚野（V1）

四次視覚野（V4）

眼に入った光の刺激は網膜で電気信号に変換され、外側膝状体を経て大脳の一次視覚野（V1）へ伝達される。色の情報は、二次視覚野（V2）→四次視覚野（V4）と伝わり認識される。

は「非視覚経路」によってもたらされているものなのです。

　この経路を経て色は私たちのマインド（ある物事に対する意識）にはたらきかけ、無意識のうちにメンタルや行動に影響します。こうした色が人間にもたらす作用や、見え方、感じ方は「色彩心理」と呼ばれ、マーケティングやブランディング、ファッション、建築・インテリアデザインなど、多岐にわたった分野で活用されています。

　色彩心理にはもうひとつの側面があります。それは「人間の色に対する反応」です。色は感情との互換性があり、情熱は赤、落ち込みは青で表現されるように、心の状態をダイレクトに表すツールとしても日常的に使われています。

　ここには色に対する好み、好き嫌い

を示す嗜好色、嫌悪色なども含まれ、色に対する反応と態度からその人の心理状態の分析を行うこともできます。また、色は心と身体の状態を反映することがあるため、その人のパーソナリティや心理傾向を分析する「カラーテスト」や、「カラーセラピー」などに用いられています。

　色への反応は、心理学を現実生活に役立てる応用心理学と関連しています。私たちの色の好みや色への反応、その分析については第3章、第4章で詳しく説明します。

■ 色彩心理はゲーテから始まった

　色と心理の関係についての研究は意外とまだ浅く、19世紀が始まりでした。前述したようにゲーテによって「色彩心理」という分野の扉が開かれたの

■ 色彩心理とはどのようなもの？

1 色が人の心にもたらす作用を探る

色の情報を脳が受け取ると、どのような感覚や感情が生じ生理的な変化を引き起こすのか考察。

↓

マーケティングやファッション、建築・インテリアデザインなどの分野で活用。

2 色に対する反応から心を読み解く

色を見たときの反応と態度から、その人の心理状態や傾向、パーソナリティを分析。

↓

カラーテストやカラーセラピーなどに活用。応用心理学とも関連。

■ ゲーテと色相環

© Roger-Viollet/amanaimages

ヨハン・ヴォルフガング・フォン・ゲーテ
Johann Wolfgang von Goethe
（1749-1832）

ドイツの詩人、小説家、自然科学者。約20年の歳月をかけて執筆した『色彩論』と彼が考案した色相環は、19世紀から20世紀の芸術分野や美学に多大な影響を与えた。その理論は現代の色彩学にも受け継がれている。

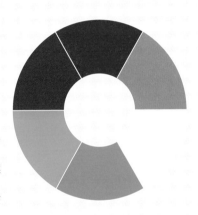

ゲーテは赤、青、黄の3色を三原色とし、三原色の間に、橙、緑、紫（菫）を配置した6色による色相環を考案した。

※図はイメージ

です。ゲーテは色彩を「主観的な感覚である」と考え、感性的な視点から論じた初めての人物です。

ゲーテは色を「生理学的な色彩」、「科学的な色彩」、「物理学的な色彩」の3つに分類し、ニュートンが解明した物理的で科学的な色と光の性質よりも、人間の目に映る「生理学的な色」についての研究に専念しました。彼はその中で、現在の色彩心理の基本を成す「明

順応」、「暗順応」、「色順応」、「対比」、「補色残像」（すべて第2章で説明）の現象などについて観察し、考察を行いました。補色残像については、「対立する色の呼び求め合い」と考え、その現象を色相環（色相を環状に配列したもの。36ページ）で表し、色彩調和論（次ページ）へと発展させています。

ゲーテは光の色である黄色と、闇の色である青が色の両極にあるとし、さ

■■ ゲーテの考えた分極性

　ゲーテは色彩をプラスとマイナスの相反する２つのカテゴリーに分けて考えた。

　プラスでは黄色、マイナスでは青がその代表の色で、プラスには黄色以外では赤黄色（橙）、黄赤色、マイナスには青以外では赤青色（薄紫）、青赤色（紫）を挙げている。そしてプラスの色は明朗で快活で何かを求める気分、マイナスの色は弱々しく何かに憧憬する気分をもたらすとしている。

プラス	マイナス
黄	青
作用	脱作用
光	影
明	闇・暗
強	弱
温暖	寒冷
近	遠
反発	牽引
酸性との近縁性	アルカリ性との近縁性

らにそれらの色をプラスとマイナスの２つの対立する軸に分けて、その感覚的・精神的作用を上の表のように位置づけています。

　このゲーテの考えは、現代の色彩心理に最も影響を与え、今では私たちが色を扱う際に考慮される法則として認識されています。

　またこの頃には、生理学や物理学における人間の感覚に対する研究にも注目が集まるようになり、ドイツの物理学者で心理学者の G. フェヒナーによって「精神物理学」、「感覚生理学」という心理学の前身となる学問が創始されます。その後 W. ヴントが心理学を体系化して、科学的に検証を行い心の法則を解き明かす「実験心理学」を確立しました。これが心理学の誕生とさ

れています。

▨ 19世紀から20世紀の色彩心理

　ゲーテ以降の色彩と心理の研究について簡単にみておきましょう。

　色彩調和（２色以上の配色の調和を考えること）については古代ギリシャからさまざまな説が提唱されていましたが、19世紀後半にフランスの化学者 M. シュヴルールが、タペストリーなどの染色や織物の研究をする中で、色彩調和の法則を発見。20世紀にかけて O. ルードや W. オストワルト、P. ムーン、D. スペンサー、D. ジャッド、J. イッテンらによる考察が次々と発表され、私たちが心地よさや美しさを感じる色彩調和論が成立しました。

また20世紀初頭、アメリカではマーケティングが誕生し、消費者心理や生活に与える色の影響や効果に注目が高まり、色彩心理についての実践的な研究が盛んに行われるようになりました。この頃から色彩学を専門とするA.G.アボット、F.ビレン、L.チェスキンらが、「色彩における機能主義」を追求し、「色彩心理」という概念を生み出しました。彼らはその名前から「アメリカの色彩学のABC」とも呼ば

れ、色彩心理の著書も発表しています。

なかでもビレンはアメリカの官公庁や民間企業を対象とし、「色彩調節」の手法や「安全標識色」を開発しています。それだけに留まらず、色の好みによる性格判断などの研究も行い、大きな功績を残しています。

またスイスの精神療法医であるM.リュッシャーも、色に対する好悪など、人の主観的な反応を用いて、心理状態を分析する「リュッシャー・カ

■ ビレンから始まった安全色彩

ビレンが開発した「安全標識色」は、世界的な「安全色彩」として国際標準化機構（ISO）で採択された。日本でも日本産業規格（JIS）がこれをもとに「安全色」を次のように制定し、危険標識や安全標識、案内用図記号の色として用いられる。

安全色		意味	安全色		意味
赤		防火、禁止、停止、危険、緊急	青		指示、誘導、安全状態、完了・稼働中
黄赤		注意警告、明示	赤紫		放射能、極度の危険
黄		注意警告、注意、明示	白		赤、黄赤、黄、緑、青、赤紫の6色の安全色を引き立てる「対比色」
緑		安全状態、進行、完了・稼働中	黒		

それぞれの色を用いた標識は第4章の各色の社会的効果の役割の項目で説明。

ラーテスト」を発明しました。リュッシャーの著書は 30 以上の言語に翻訳され、カラーテストは当時の世界中のカウンセラーや専門医らに用いられており、「心の体温計」とも呼ばれています。

▨ 学問としての成立への期待

1970 年代には色彩の生理学的、心理学的な影響について科学的に研究を行う学術機関が組織されるようになり、現在も各大学や研究機関において、色彩心理の研究が進められています。最近では脳科学の領域でも扱われるようになりました。

このように色彩心理は現在広く認知され、世界中の多くの領域に役立てられていますが、今のところまだ学問として確立していません。色彩心理は非常に幅広い分野にまたがっており、人によって受けるイメージもさまざまで、その性質が複雑であるため、実証が難しく再現性が乏しいと考えられています。そのため学問として成立するのは難しく、現在、大学の科目として正式に認められていることは、ほとんどありません。ビレンも「色彩を主題として仕事をする自分は、どの専門分野に位置づけてよいか分類しにくい存在である」と述べています。

しかし最近では、色彩が人に与える効果の学術的な解明はかなり進んでいるので、学問として成立される日はそう遠くはないと思います。

パーキンによる合成染料の発明

染料（18 ページ）には、天然染料と化学染料（合成染料）がありますが、現在では主に化学染料が使われています。

化学染料が発明されたのは、色彩の研究が飛躍的に進んだ19世紀のことでした。1856 年、当時 18 歳だったイギリスの化学者 W. パーキンが、マラリアの特効薬を開発する過程で、偶然にも化学染料を発明したのです。

化学染料とは、それまでの動植物から得られた天然染料とは異なり、コールタール（石炭や木材を加熱したときに生成される油状液体）や石油などの原料を元に科学的に合成される染料です。天然染料よりも鮮やかで色の種類を多く作り出すことが可能になります。

パーキンが発明した世界最初の化学染料は赤紫色の染料で、モーブと名付けられました。この発明を機に 20 世紀までに数多くの新しい染料の開発が成功し、500 ほどの種類が作られました。

現在、使用されている染料の多くは合成染料です。

モーブ

色の基礎知識を
学ぼう

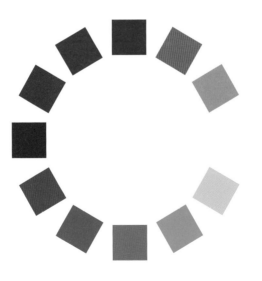

色はどのようにして見えるのか?

そもそも色とは何か、色の正体や色が見えるしくみについてみていきましょう。

知られざる色の素顔

私たちは普段、「トマトは赤い」「キュウリは緑色」などと物体の色を認識しており、物には色がついているように思いがちです。しかしこの世に色という物質は存在しません。正確にいうと、物体には色はなく、その物が「反射している光」を「色として感じている」のです。

第1章で説明したように、色が光であることをニュートンが解明し、その後マクスウェルが光は電磁波であることを明らかにしました。つまり、色の正体は光であり電磁波の一種です。電磁波とは、粒子と波の性質を併せ持つ、電場と地場を持った放射エネルギーのことです。

電磁波は波長の長さによって種類が異なり、波長の長い順に、電波、赤外線、紫外線、X線、γ（ガンマ）線、宇宙線などが存在しています。その中の「色覚を生じさせる範囲の光線（可視光線）」を、私たちは色として知覚しています。つまり、光があるからこそ色は感じられるのです。

人間が見ることができる光の領域

私たちが見ることのできる光の領域は赤外線と紫外線の間に位置し、約380nm 〜 780nm（nm= ナノメートル、100 万分の 1mm）で、色の違いは波長の長さによって異なります。

波長の長さと、感じられる色の関係は右の図の通りです。認識できる最も長い波長は赤色で、順に橙、黄、緑、青、藍と続き、最も短い波長は青紫色として感じられます。虹はこの波長の長さと同じ順番で並んでいます。

光の波長は各色の境界がはっきりと分かれているのではなく、連続的に変化しています。ニュートンのプリズム実験で判明したように、一見無色透明に見えている太陽の光や照明の「白色光」の中に、色を感じさせるすべての波長が含まれているというわけです。

また、赤と隣り合っている赤外線（ultra red）、青紫と隣り合っている紫外線（ultra violet）は、目に見える「範

電磁波の種類と波長

光は電磁波の一種であり、私たち人間が見えるのは可視光線といわれる 380nm ～ 780nm の領域。

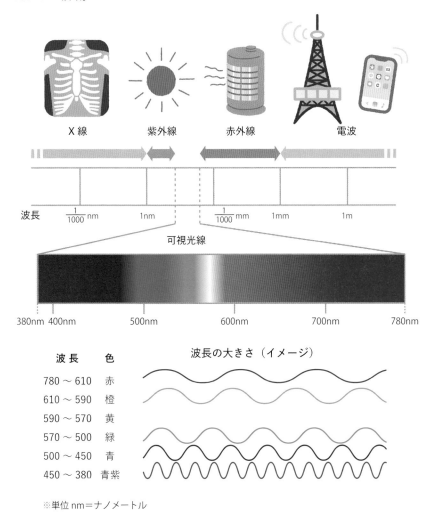

波長	色	波長の大きさ（イメージ）
780 ～ 610	赤	
610 ～ 590	橙	
590 ～ 570	黄	
570 ～ 500	緑	
500 ～ 450	青	
450 ～ 380	青紫	

※単位 nm ＝ ナノメートル

囲外の光」であることからその名がついています。これらは人間が視覚でとらえることはできない領域ですが、特定の種類の蜂や鳥、爬虫類など、紫外域や赤外域の波長を見ることができる昆虫や動物もいます。

▨ 色を見るために必要な要素

　私たちが色を見るためには、①見る対象となる「物体」、②物体を見る「眼」、③物体を照らす「光源」が必要となります。これを「色を見るための三要素」といいます。

　光源とは、太陽や電球、蛍光灯、LEDなど自ら光を発するものです。そこから放射される光が物体に当たり、反射または透過した波長の光が眼に届きます。その情報が脳に伝わって処理され、初めて色が認識されます。

　物体によって、どの範囲の波長を反射・透過するかは異なり、感じられる色は変わります。たとえば図のように、500nm 〜 450nm の波長を多く反射してその他の波長を吸収する物体であれば、その色は青に見えます。またラムネ瓶のように、青の波長だけを透過させる物体も青く見えます。

　このように物体が光を反射・透過して感じられる色を「物体色」といいます。物体色には、物体に反射して感じられる「表面色」と、物体を透過して感じられる「透過色」があります。

　その他には、光源からの光の色を直接的に感じる「光源色」があります。

　光源色はどの波長域を多く含むかによって、感じられる色は異なります。長波長成分を多く含んでいれば、白熱電球のようなオレンジがかった色に、短波長の成分が多ければ昼光色の蛍光

▷ 物体色と光源色 ◁

物体色　表面色と透過色がある

　表面色…物体に当たって反射した波長の光が眼に届き、感じる色。

　透過色…ガラスやサングラスなどを透過して感じる色。

光源色　自然光（太陽の光）、人工光（炎、電球、ネオン、蛍光灯など）から直接感じる色

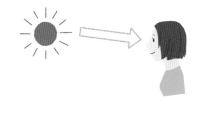

灯のような青白い色に、すべての波長をまんべんなく含んでいれば、色みを感じない昼白色の光となります。

　またこの光源色に含まれる波長の性質によって、色の見え方も変わります。赤やオレンジ系の波長成分を多く含む

眼の構造と錐体と桿体

網膜に届いた光は、一番奥にある視細胞（錐体と桿体）で電気信号に変換され、双極細胞、神経節細胞を経て脳へと伝わる。

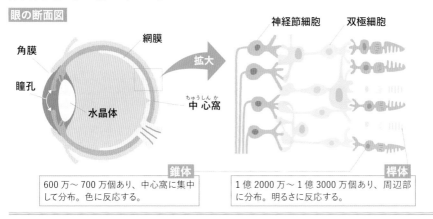

眼の断面図

神経節細胞　　双極細胞

網膜

角膜

瞳孔

水晶体

中心窩

拡大

錐体
600万〜700万個あり、中心窩に集中して分布。色に反応する。

桿体
1億2000万〜1億3000万個あり、周辺部に分布。明るさに反応する。

電球色の光の下で見ると、赤いまぐろの刺身は、より鮮やかに見えて美味しそうに見えますが、蛍光灯のような青白い光の下では黒くくすんでしまい、鮮度が落ちているように感じられます。

色を見るために必要な要素

　眼は外部から光を効率よく集めるセンサーとしての機能を持っており、眼に届いた光は、角膜、瞳孔、水晶体を通って網膜にたどりつきます。

　網膜はカメラではフィルムに当たる組織で、色や光はこの網膜上にある「錐体」と「桿体」という視細胞によってとらえられます。色を区別して感じられるのは錐体で、明るいところで機能します。桿体は感度が高く明暗を見分ける細胞で、真っ暗な場所でもわ

ずかな光の明るさを感知することができます。

　視細胞には長波長の赤、中波長の緑、短波長の青の光に反応する3種類があり、錐体でとらえられた色の刺激は電気信号に変換され、視神経を通じて脳に伝えられます。色の信号は大脳の1次視覚野に届き、2次視覚野、4次視覚野へと送られます。この過程において、伝達された信号の強度の割合から、錐体に届いた光の色がどういう色合い（色相）で、どれほど明るく（明度）、どの程度鮮やかであるのか（彩度）、の分析が行われ、色が認識されます。

　私たちは眼で色を見ていると錯覚しがちですが、実のところ色は眼ではなく脳で感じているのです。

今、見ている色は本当の色？
色は脳で見ている

光の条件が違っても安定して色を認識する反応を、色の恒常性、色順応といいます。

色の恒常性とは？

　数年前、イギリス人の女性が「青と黒、白と金どちらに見える？」と、一着のドレスの写真を SNS に投稿したところ、人によって見える色が「青と黒」と「白と金」の真っぷたつに分かれるという現象が話題になったことがありました。

　これは「色の恒常性（色彩恒常）」という人間の知覚メカニズムによるもので、色を脳で見ているために生じる現象です。

　わかりやすい例でいえば、私たちは白いブラウスを夕暮れ時の赤い光の中で見る時、赤い色みを帯びて見えるにも関わらず、「このブラウスは白」として認識します。つまり白いブラウスに赤い光が投影されているに過ぎないと感じているわけです。

　このように、脳は物を見る時に光源の色を差し引いて、物体の実際の色を認識しようとするため、どんな照明条

照明の違いによる色の見え方の違い

私たちは光源の違いによって色が違って見えても、同じ色だと認識する。

電球色

昼白色

オレンジ系の波長を多く含む電球色の光の下での見え方。温かみのある印象を与える。

すべての波長を含む昼白色の光の下での見え方。自然な光の印象を与える。

件であっても白いものは白、赤いもの
は赤、青いものは青と感じているので
す。これが「色の恒常性（色彩恒常）」
です。

冒頭のドレスの色は写真で見ている
ため、私たちは光源がどのようなもの
で、どの方向から当たっているのかを、
正確に把握することができません。す
なわち脳が間違った補正をかけてしま
う可能性があり、それが認識に違いを
生じさせる原因となっているのです。

後天的に得た認知システム

人間は原始の頃から日中の光だけで
なく、夕焼け時や夜の薄明かりの中で
色を見て、肉の新鮮さや果実の熟れ具
合を判断する必要がありました。どん
な光の下でも安定した色感覚を得られ
る「色の恒常性」は、生存に有利には

たらく認知システムだといえるでしょ
う。

また色の恒常性は先天的なものでは
なく、乳幼児期の視覚体験によって後
天的に獲得されることを、産業技術総
合研究所の研究グループが2004年に
報告しています。

色順応－慣れて順応する

光の条件が変わっても、安定して色
の認識を維持できる認知システムには、
他にも「色順応」があります。

たとえば日中太陽の下で過ごした後、
家に帰り、リビングの白熱色の照明で
照らされた部屋に入ると、目の前のす
べての色がオレンジがかって見える、
という経験は誰しもあるかと思います。
また青いサングラスをかければ、景色
全体が青みがかって見えます。

私たちはこのような色の見え方に対
して、最初は違和感を覚えますが、目
は次第に慣れていき、少し経つと目の
前の色は、太陽光の下で見るのと同様
に感じられるようになります。これが
「色順応」です。

脳は照明光の成分によって、赤みの
多い光の下では赤色光に対する目の感
度を下げ、青みの多い光の下では青色
光に対する目の感度を下げるという補
正を行い、ホワイトバランス（白いも
のを白と感じるよう補正すること）を
調整しているのです。

昼光色

短波長の成分が多い昼光色の光の下での見え方。
爽やかな印象を与える。

色の特徴と性格を決める
色の三属性

色は色相、明度、彩度の3つの属性によって分類・整理することができます。

色の三属性とは何か？

色は、「爽やか」、「陽気」、「穏やか」などと形容されることがよくあります。それはその色の性格や特徴から生じるイメージによるものです。それを決定づけるのは、色が持つ3つの属性、「色相」、「明度」、「彩度」です。

「色相」とは、赤、黄、緑、青、紫といった、色みの性質をいいます。これらは光の波長の長さによって異なります。また色は色みを持つ「有彩色」と、白、灰色、黒のような色みを持たない「無彩色」に分類できます。

「明度」とは、光の反射率に関係する、色の明るさの度合いです。白に近づくほど反射率が高くなるので、色は明るく感じられ、黒に近づくほど反射率は低くなり、色は暗く感じられます。明度は「高い−低い」という言葉で表され、明るい色は「高明度」、暗い色は「低明度」、明るさが中間の色は「中明度」と表現します。

■■ 色相とは

色相をスペクトルの順に環状に並べたものが色相環。色を環状に並べる考え方はギリシャ時代からあり、ニュートンやゲーテも考案してきた。現在ではカラーシステム（表色系）ごとの色相環がある。

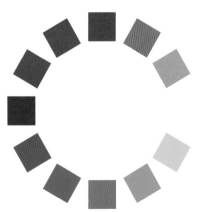

環の対に位置する色同士は補色（46ページ）の関係にあることが多い。

■■ 明度とは

一番明度の高い色は白、低い色は黒。明度が高いほど白っぽい色に、明度が低いほど黒っぽい色になる。

低 ◀━━━━━━━━━━━━━━━━━▶ 高

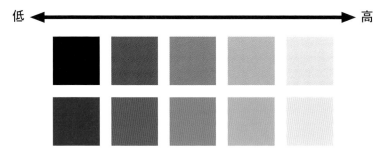

■■ 彩度とは

一番彩度の高い色は純色と呼ばれる。色を混ぜるとそれだけ彩度は低くなる。

低 ◀━━━━━━━━━━━━━━━━━▶ 高

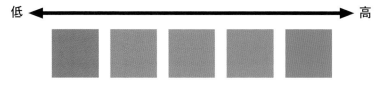

■■ 有彩色と無彩色

無彩色は明度しか持たない。有彩色は色相、明度、彩度のすべてを持つ。

有彩色

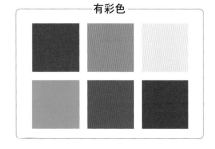

無彩色

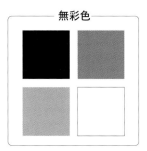

「彩度」は、色みの強弱の度合いのことで、一般的には鮮やかさを意味します。彩度も明度と同じく「高い-低い」で表します。彩度が高い色とは、混ぜ物がない果汁ジュースのようなもので、最も鮮やかな色は「純色」と呼ばれます。彩度は白や灰色、黒などの無彩色を混ぜるほど低くなり、元の色みが感じられにくくなります。

色を伝える方法①
色の物差し、表色系

色を正確に伝えるために符号化・数値化したものが、表色系（カラーシステム）です。

▨ あなたのピンクはどんな色？

ピンク色というと、あなたはどんな色を想像するでしょうか。桃のピンク、桜のピンク、ローズピンク、つつじのピンク、ストロベリーシェイクのピンクなど、思い浮かべる色は人によってまちまちです。私も大学の授業で16種類のピンクを学生に見せて、「どの色がピンク色だと思うか」と尋ねたところ、答えはバラバラでした。

つまりひとくちにピンク色といっても一様ではなく、色の概念は極めて主観的であることがわかると思います。

しかしこれでは、正確に色を指定しなければならない場合、混乱が起こるのは必定です。たとえば建築、商品パッケージ、工業デザイン、印刷、染色などの領域においては、色は正確に伝える必要があり、色にばらつきが生じないように管理されなければなりません。

色を間違いなく伝えて共有するには、前述の色相、明度、彩度を符号化及び数値化して、客観的な色の物差しとなる指標が必要となります。そのための色を記号や数値で表すシステムを、「カラーシステム」または「表色系」といいます。

表色系には、世界的に最も有名な「マンセル・カラーシステム（マンセル表色系）」、「オストワルト表色系」、今日では頻繁に使われている「XYZ表色系（CIE表色系）」、日本では色彩教育や検定試験に用いられている「PCCS（日本色研配色体系）」などがあります。

▨ マンセル表色系とは

マンセル表色系とは、アメリカの画家で美術教師のA.マンセルが1905年に色を系統化するために考案した表色系で、「色相」「明度」「彩度」の色の三属性に基づいて、物体の色を数値的に表示する「顕色系」色彩体系です。色を2次元や3次元で示すことができるほか、色と色との間の見た目を、知覚的に等間隔になるように配置したシステムです。

各種デザインの現場や色彩教育、研

究など世界中で幅広く用いられ、現在では 1943 年にアメリカ光学会（OSA）が尺度を修正した「修正マンセル表色系」が使われています。修正マンセル表色系は日本産業規格（JIS）の標準色票として採用されています。

▨ XYZ（CIE）表色系とは

XYZ（CIE）表色系とは、1931 年に国際照明委員会（CIE）が定めた表色系で、CIE 表色系ともいわれ、色や光の三原色を混ぜ合わせた量を数値化して表す「混色系」の色彩体系です。

XYZ 表色系は、赤（R）、緑（G）、青（B）の「色光の三原色」の混色量によって成り立っています。この混色系の原理は、人間は RGB の 3 種類の受容器によって色を知覚しているという「ヤング - ヘルムホルツの三色説」（20 〜 21 ページ）に基づいています。XYZ 表色系は JIS の色の表示方法採用などで採用されています。

▦ マンセル表色系の色相環

マンセル色相環の色相は赤（R）、黄（Y）、緑（G）、青（B）、紫（P）の基本色相に、その中間の色である黄赤（YR）、黄緑（GY）、青緑（BG）、青紫（PB）、赤紫（RP）を加えた合計 10 色を主要色相としている。10 色相はさらに分割することができる。

JIS 標準色票

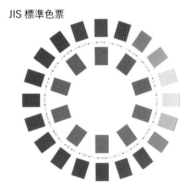

▦ CIE 色度図

横軸の x は赤の成分比率を、縦軸の y は緑の成分比率と輝度（明るさ）を示し、Z は青の成分比率で、$(x + y + z = 1)$ の公式から求めることができる。x の値が大きいほど赤みが強く、y の値が大きいほど緑みが強く、z の値が大きいほど（x ＋ y が小さいほど）青みが強く、x と y と z の値が等しいときは無彩色となる。

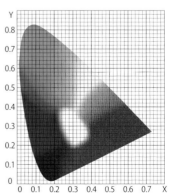

色を伝える方法②
色名はどのようにつけられる?

言葉で表す色名にはさまざまなものがあります。色名の謎を解き明かしましょう。

基本色名と系統色名

色を符号や数値でなく言葉で表して相手に伝えるためのものが、色名です。

基本色名と呼ばれる有彩色「赤、黄赤、黄、黄緑、緑、青緑、青、青紫、紫、赤紫」の10種類と、無彩色「白、灰、黒」の3種類をベースに、明度または彩度に関する修飾語（明るい、暗い、鮮やかな、薄いなど）や、色相に関する修飾語（赤みの、黄みの、青みのなど）を組み合わせ、系統的に表した色名を系統色名と呼びます。

たとえばレモン色を系統色名で表す

と「あざやかな緑みの黄」=「彩度の修飾語＋色相の修飾語＋基本色名」という表記となります。JISでは有彩色260色、無彩色90色の合計350色を系統色名に規定しています。

固有色名と慣用色名

色の名前というと、美しい対象を思い描きがちですが、誰もが毛嫌いするものから名付けられた色もあります。その代表としてご紹介したいのが「ノミ色」です。

この色名はフランス語で「ピュース」

系統色名を構成するもの

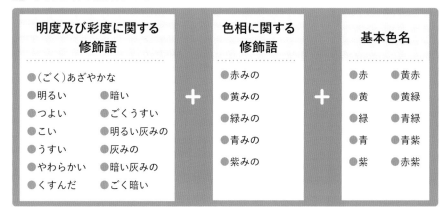

明度及び彩度に関する 修飾語		色相に関する 修飾語	基本色名	
●（ごく）あざやかな		●赤みの	●赤	●黄赤
●明るい	●暗い	●黄みの	●黄	●黄緑
●つよい	●ごくうすい	●緑みの	●緑	●青緑
●こい	●明るい灰みの	●青みの	●青	●青紫
●うすい	●灰みの	●紫みの	●紫	●赤紫
●やわらかい	●暗い灰みの			
●くすんだ	●ごく暗い			

と呼ばれ、血を吸ったノミの腹部の色を意味します。ノミ色は18世紀後半のフランスで流行色となり、暗い紫みの赤（褐色）の代表的な色名として現在も使われています。この色はマリー・アントワネットのお気に入りの色だったとも伝えられています。

　色の名前はバラエティ豊かで、ノミに限らず「玉虫色」などの昆虫から「ローズレッド」「撫子色」といった美しい花をはじめ、植物、果実、動物、鉱物、自然現象、人物、身分、地名にちなんだものまで幅広く存在しています。

ピュース
アイリッシュ・ウォーター・スパニエルというイヌの毛色にも用いられている。

　このように色を区別し、特定の色に与えられた色の名前を「固有色名」といいます。固有色名の中でも特に一般的に広く知られ、日常的に使われている色名は「慣用色名」と呼ばれ、その中には古くから使われてきた「伝統色名」も含まれます。JIS では269色を「JIS 慣用色名」として規定しています。

■■ JIS 慣用色名の例

動物・植物にちなんだ色名	動物	鳶色	鶯色	サーモンピンク	
	植物	桜色	山吹色	ラベンダー	
	果実・野菜	レモンイエロー	茄子紺	トマトレッド	
顔料・染料にちなんだ色名	顔料	黄土色	緑青色	コバルトブルー	
	染料	紅色	刈安色	藍色	
鉱物にちなんだ色名		琥珀色	瑠璃色	ターコイズブルー	
		ルビーレッド	エメラルドグリーン		
自然現象にちなんだ色名		水色	空色	スカイブルー	
		スカイグレイ	スノーホワイト		
人物・身分・地名にちなんだ色名	人物・身分	利休鼠	団十郎茶	ネイビーブルー	
	地名	マゼンタ	ナイルブルー	新橋色	

言語によって違う基本色彩語

基本となる色彩の数は、文化や国、地域、特にその言語によって大きく異なります。

工業化された文化圏に住む人は、ほぼ共通して「黒、白、赤、緑、黄、青、茶、オレンジ、ピンク、紫、灰色」の11のカテゴリーを表す言葉を持っていますが、そこまで進んでいない文化圏の人たちはより少ない数の基本色彩しか持っていません。パプアニューギニアのある地域の言語では色を表す言葉は5つで、ボリビア・アマゾンの特定の言語においては黒、白、赤の3つの言葉のみとなります。

アメリカの人類学者である B. バーリンと P. ケイは、言語によって基本色の数や、それに対応する色の範囲にも差違が生じ、言語の進化によって次第に基本色が派生して増えていく法則を発見し、1968年に発表しています。これらを彼らは「基本色彩語（basic color team / BCT）」と呼んでいます。

バーリンとケイが導き出した色彩言

■■ バーリンとケイによる基本色彩語の法則

1 白（white）と黒（black）はすべての言語にある。

2 色名が3つなら赤（red）がある。

3 色名が4つなら緑（green）または黄（yellow）がある。 or

4 色名が5つなら緑と黄がある。

5 色名が6つなら青（blue）がある。

6 色名が7つなら茶色（brown）がある。

7 色名が8つ以上なら、紫（purple）、桃色（pink）、橙（orange）、灰色（gray）のうちどれかを組み合わせた色がある。 ＋ or or or

語の共通点、法則（図）を見ると、寒色系よりも暖色系の赤や黄色のほうが先にカテゴライズされていることがわかります。暖色は炎、光、食物、血液など、生活や生命活動に直結した重要な物と色との結びつきが強いので、色名のカテゴリーの順番においても優先順位が高いのです。オレンジ色はもともと赤と一括りにされやすいため、独立した色としての出現は遅くなります。

また、昔は青と緑は「青物」や「青々とした」という言葉が緑色を示すよう

に、両者をひとつのカテゴリーとする文化がありましたが、現代の多くの国では青と緑は独立した色として、分離されるようになりました。

東北大学は、30 年前に比べると基本色名が増加していることを明らかにし、2017 年に報告しています。なかでも 98％の実験参加者が「水色」を日常的に使用することが確認されており、青と緑にまたがる明度の高い領域に「水色」のカテゴリーがこの 30 年で加わったことを示しています。

▪▪▪ 慣用色名と系統色名、マンセル値の関係

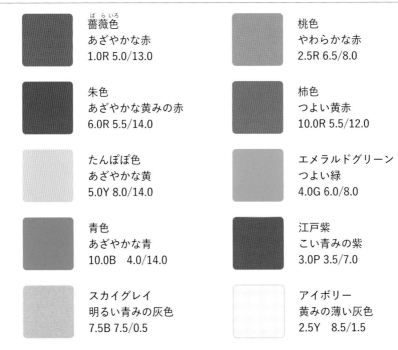

薔薇色（ばらいろ）
あざやかな赤
1.0R 5.0/13.0

桃色
やわらかな赤
2.5R 6.5/8.0

朱色
あざやかな黄みの赤
6.0R 5.5/14.0

柿色
つよい黄赤
10.0R 5.5/12.0

たんぽぽ色
あざやかな黄
5.0Y 8.0/14.0

エメラルドグリーン
つよい緑
4.0G 6.0/8.0

青色
あざやかな青
10.0B　4.0/14.0

江戸紫
こい青みの紫
3.0P 3.5/7.0

スカイグレイ
明るい青みの灰色
7.5B 7.5/0.5

アイボリー
黄みの薄い灰色
2.5Y　8.5/1.5

※ 1 段目：JIS 慣用色名　2 段目：系統色名　3 段目：JIS マンセル値

第2章

あらゆる色を作り出す
混色の原理

混色には、色を混ぜるほど暗くなる減法混色と、明るくなる加法混色があります。

混ぜて別の色を作る、混色

黄色と青を混ぜて緑色を作ったり、赤と青を混ぜて紫色を作ったりした経験はありませんか？このように2種類以上の異なる色を混ぜて、別の色を作ることを「混色」といいます。

混色には絵の具のように混ぜるほど暗くなる「減法混色」と、混ぜるほど明るくなる「加法混色」があります。

ほとんどの色は混色によって作ることができますが、作り出せない独立した3種類の色があります。これを「原色」といいます。原色は混ぜ合わせることで他のすべての色を作ることができます。

混ぜて別の色を作る、混色

加法混色は以下のように、いくつかの種類が存在します。

●同時加法混色

スポットライトのように、同時に色光を重ねることで元の色より明るくなる混色です。光の三原色であるR（Red＝赤）、G（Green＝緑）、B（Blue ＝青）の組み合わせで、すべての色を作り出すことができます。

色を混ぜ合わせるほど明るくなり、光の三原色が全部集まると最も明るい白い光に見えます。東京タワーやスカイツリーのライティングの色も、この同時加法混色によって作られています。

●並置加法混色

遠くから見るとグレーだと思っていたニットが、近くで見ると白と黒の毛糸であるのがわかるように、異なった色の縦糸と横糸で織られた織物や編み物が違った色に見える混色を、並置加法混色といいます。点描画、モザイクなどのように、細かい点を並べることでお互いの色が混じり合って感じられる混色も同様です。

混ざり合った色の明るさは、混色の元となった個々の色の平均の明るさになります。パソコンのモニターやカラーテレビの画面の色も、並置加法混色によって再現されています。

●継時加法混色

複数の色で塗り分けた円盤やコマな

同時加法混色の三原色

赤（R）、緑（G）、青（B）の3色。「光の三原色」ともいう。

減法混色の三原色

マゼンタ（M）、シアン（C）、イエロー（Y）の3色。「色料の三原色」ともいう。

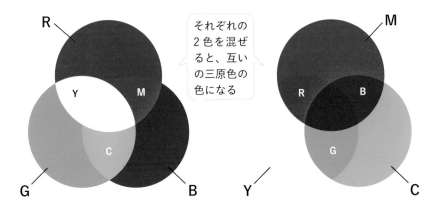

それぞれの2色を混ぜると、互いの三原色の色になる

どを、高速で回転させることで色を見分けられなくなり、それらの反射光が混ざり合って違った色に感じられる混色です。円盤やコマの色が赤と黄の2色なら橙色に、赤と青なら紫色に見えます。この混色は回転によって生じるため、回転混色とも呼ばれます。

　この方式で混色された色の明るさは、並置加法混色と同様に元の色の平均の明るさになります。

混ぜるほど暗くなる減法混色

　減法混色とは、色料の三原色であるY(Yellow＝イエロー)、C（Cyan＝シアン)、M（Magenta＝マゼンタ）の物体色を重ね合わせて色を作る混色です。物体色であるため光を吸収する性質があり、お互いの明るさを打ち消

し合います。そのため色を重ねるほど暗くなり、すべてを混ぜると黒に近い暗灰色になります。減法混色は絵の具やインク、フィルター、ガラスなどの色の混色に見ることができます。

　ところで上の2つの図を見て、気づいたことはありませんか？ 実はこの2種類の混色は相互関係にあります。加法混色の原色のうち2色を同量ずつ混色すると減法混色の1色になり、反対に減法混色のうち2色を同量ずつ混色すると加法混色の1色になることが、図を見ると理解できると思います。また加法混色と減法混色の三原色は、互いに補色関係となります。補色については次項で詳しく説明します。

真逆だから相性がいい？
互いを引き立て合う補色

補色同士の組み合わせは、その効果から日常生活のあらゆる場面で用いられています。

色相環の反対に位置する2色

コンビニエンスストアの「セブン - イレブン」や、ファミリーレストランの「サイゼリヤ」の看板に使われる赤と緑、北欧家具で人気の「イケア」のシンボルカラーである青と黄色など、際立ちのある配色は私たちにインパクトと魅力を感じさせます。

このような色同士の関係を補色といい、色相環上では正反対の位置に属します。前項で解説した混色においては、R（赤）とC（シアン）、G（緑）とM（マゼンタ）、B（青）とY（イエロー）の関係がそれにあたります。

補色を組み合わせた配色は非常にコントラストが強く、お互いの色みを引き立て合い、メリハリのある印象となります。看板や広告以外でも、まぐろの赤身と大葉、青いお皿に卵焼きの組み合わせなど、料理を美味しく見せる効果もあります。

補色には「物理補色」と「心理補色」があります。

混ぜると無彩色になる物理補色

絵の具などで混ぜ合わせると無彩色になる色同士の組み合わせを「物理補色」といいます。表色系で述べた「マンセル表色系」の色相環の正反対の色は、この物理補色にあたります。

その色の残像が見える心理補色

ある有彩色をじっと見ていて、白い紙に視線を移すと浮かび上がってくる残像色を、「心理補色」といいます。

たとえば医療ドラマで、医師の手術着や手術室全体は、青や緑系の色が多

心理補色を体験しよう

左の青いハートを15秒ほど見つめて右に視線を移してみよう。残像として赤いハートが見える。

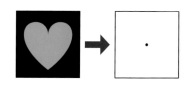

く使われているのを見たことはないでしょうか。その理由は血液の赤の残像が青緑であるためです。白い手術着や環境下では、長時間血液を注視していると心理補色の青緑の残像がちらついて見えるため、ミスを誘発するリスクが高くなり、手術に支障をきたしてしまいます。手術をスムーズに進めるためには、青緑系の色を使って、残像を打ち消す必要があるのです。

補色残像現象が起こる理由は諸説ありますが、まだ完全な解明には至っていません。現在のところ補色関係となる色は、神経的に互いに抑制し合うようにはたらいており、特定の色を長い時間見ると視神経が疲労し、それを和らげるために反対の色を網膜上に作り出すと考えられています。

明るさに対しても残像が見える

このように補色が残像として見える現象を、「陰性残像」といいます。陰性残像は色だけでなく、明るさに対しても起こり、明るい物体を見た後はそれが反転した物体の残像が見えます。

反対にフラッシュや花火を見たときなど、光が消えた後も同じ明るさの残像が瞬間的に見えることがあります。これは「陽性残像」といわれ、暗い環境下や光の刺激が短い時に現れます。

身近なところでみられる補色の例

補色を使った配色は、魅力的な活気とダイナミックなイメージを与え、印象に残りやすい。私たちの周りでは看板や店舗、商品のパッケージデザイン、アート作品などによく使われている。補色は料理を美味しく見せる盛り付けや、インテリアのアクセントカラーとしても活用することができる。

セブン - イレブンの赤と緑の看板。

イケアの青と黄色の店舗。

別の色に見えるけど同じ色、対比と同化

私たちは周りの色の影響を受けて、実際の色とは違った色に見えることがあります。

▨ 周囲の影響で違う色に見える!?

前述の補色の項で、まぐろの赤身と大葉、青いお皿に卵焼きは美味しそうに見えるという事例を紹介しましたが、それは補色がお互いを引き立て合う関係性であるだけでなく、「対比」と呼ばれる現象によってどちらの色もより鮮やかに見えているためです。

このように色は見ている条件や環境が変わることで、物理的には同じ色であるのにも関わらず、周囲の色の影響を受けて、単独で見る実際の色とは違って見える場合があります。

対比現象にはいくつかの種類があります。

▨ 時間をおいて生じる継時対比

下の図の左側の赤をしばらく見つめてみてください。右側の黄色に視線を移動するとどう見えるでしょうか。おそらく緑がかった色に見えると思います。これは赤の補色である青緑が、黄色の見え方に影響したためです。

このようにある色を見た後、時間をおいて補色残像が生じる現象や、残像の色が次に見る色に影響を与える現象を「継時対比」といいます。

▨ 同時に生じる同時対比

継時対比とは異なり、時間や空間差を置かず、同時に隣接した色同士を見たときに、本来の色と異なって見える

> **何色が見える?**

左の赤を15秒くらい見つめて右側の黄色に視線を移すと、緑がかった色に見える。これは赤の補色残像が見え方に影響を与えるため。

現象を「同時対比」といいます。

同時対比の種類には色相対比、明度対比、彩度対比、補色対比があります。

● **色相対比**

下の図の赤の中のオレンジと黄色の中のオレンジはどちらも同じ色ですが、赤の中のオレンジは黄色っぽく、黄色の中のオレンジは赤みがかって見えます。これは色相対比と呼ばれ、色相の差の隔たりがそれほどない、類似色同士が隣り合う時に起こる対比です。

色相対比は背景となる色の「心理補色」（46ページ）に影響されて起こります。赤の中のオレンジは、赤の補色の青緑色方向に色みが誘導され、色相環ではその方向の色相には黄色があるので黄色寄りに見えます。同じように、黄色の中のオレンジは黄色の補色である青紫方向へ誘導され、その方向の色相に赤があるため、実際よりも赤みがかっているように感じられるのです。

色相対比は隣接する2色の彩度が高いほど、その効果は高くなります。

● **明度対比**

次のページの黒の中の灰色と、白の中の灰色は、明るさの違う灰色に見えます。しかし色彩対比と同様にどちらも同じ色です。このように周りの背景

実は同じ色？①

中の小さい四角の色は、右も左も同じ色。

色相環のそれぞれの補色のほうにある色相の色に誘導され、左のオレンジは実際より黄色っぽく、右のオレンジは赤っぽく見える。

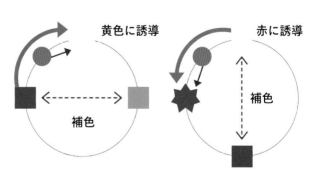

の明るさの影響を受けて、実際よりも明るく見えたり、暗く見えたりする現象を「明度対比」といいます。

この明度対比によって黒の中の灰色は白の中の灰色よりも明るく大きく、白の中の灰色はより暗く小さく見えます。これには明るさによる大きさの見えの影響が関係しています。

● 彩度対比

右下の図の中のりんごのように、背景の色によって彩度が異なって見える現象を「彩度対比」といいます。

鮮やかな赤の中のりんごは彩度が低くくすんで見えますが、茶色の中にあるりんごは鮮やかに見えます。この対比効果は、料理の食材を鮮やかに美味しそうに見せたいときや、商品ディスプレイなどにも応用することができます。

● 補色対比

「補色対比」とは補色関係にある色が隣接しているときに起きる対比現象で、お互いの彩度が高まって、色が鮮明に感じられます。料理の配色や野菜を新鮮に見せるディスプレイ、その他ショップなどの商品のレイアウトにも多く活用されています。

色相対比と同じく、隣接する2色の明度差が少なく、彩度が高いほど色は鮮やかに感じられ、対比効果は強くなります。

実は同じ色？ ②

明度対比

中の四角の色はどちらも同じ色だけど、

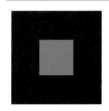

［もとの色］

左は実際より明るく、右は暗く見える。

彩度対比の例

中のリンゴの色はどちらも同じ色だけど、

［もとの色］

左は実際よりくすんで、右は鮮やかに見える。

補色対比の例

中の四角の色はどちらも同じ色だけど、

 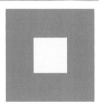

左は周りが補色のため、より鮮やかに見える。

●縁辺対比

明るい色と暗い色が接する縁に表れる対比効果を「縁辺対比」といいます。

図のようにある灰色の右側に明るい灰色を、左側に暗い灰色を置くと、右の明るい色との境界周辺は暗く、左の暗い色との境界周辺は明るく強調されて見えます。これは隣接する色との明度差によって引き起こされる一種の明度対比で、色同士の境に感じられるラインを「マッハバンド」と呼びます。

他にも図のように黒い正方形を格子状に並べると、白い線が交わった十字路の部分に灰色の円状の影が見えます。これを「ハーマングリッド」と呼びます。これも明度の対比によって生じる縁辺対比のひとつです。白い直線部分は黒による影響で明度が増して見えますが、白の交差部分は直線部分よりも黒の領域から遠くなり、明度対比の影響が薄らぐため、結果的に明度が相対的に低く感じられ、影が見える現象が生じます。

また、細い線で引いたラインの交差する部分を抜くと、空白部分に丸い白い円が存在しているように感じられます。これも縁辺対比の一種で「エーレンシュタイン効果」と呼ばれます。

この空白の部分に薄い色のラインを引くと、ぼんやりとした色の丸い形がネオンの光のように広がって見えます。これを「ネオンカラー現象」と呼びます。

さまざまな縁辺対比

マッハバンド

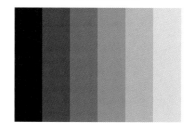

ハーマングリッド

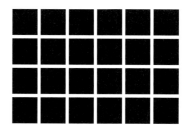

エーレンシュタイン効果

ネオンンカラー現象

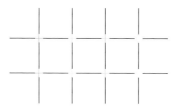

51

色がないのに色が見える主観色

私たちは特定の条件によって、物理的には白黒などの無彩色だけしか存在しないのに、何かしらの色が見えるように感じられることがあります。これを「主観色」といいます。

たとえば右の上の図をじっと見つめると、単なる白と黒だけの斜線の直角方向に、青緑やオレンジ系の色が流れているように感じられます。

他にも主観色を体感できるものとしては、その下の「ベンハムトップ」（ベンハムこま）が有名です。ベンハムトップは、イギリスの玩具製造業者のC.ベンハムが1895年に考案したもので、この白黒のパターンを1秒間に6〜10回程度の速さで時計回りに回すと、中心の縞から「赤→黄→緑→青」、または「赤→緑→青→青紫」に色づいて見えます。あまり速く回転するとただの灰色にしか見えないので、回転速度には注意が必要です。

主観色は、ベンハムトップの発売よりも57年前にドイツの物理学者で心理学者のG.フェヒナーが白黒の円盤を回転させると、円盤に色がついているように見える現象を発見したことから、「フェヒナーの色」とも呼ばれています。

主観色が生じる原因については、静止図の場合は微細な眼球運動が原因と考えられていますが、回転などの運動が伴う図形については、視細胞の錐体のL（赤）、M（緑）、S（青）細胞の反応速度の差、反対色説、段階説などが関与していると指摘されています。現在はこの先の研究による解明が待たれている段階といえます。

色が近づく同化現象

これまで解説した対比現象は、色同士が互いに強調し合う見え方でしたが、

白黒以外の色が見える？

主観色が見える例

ベンハムトップ

色相の同化

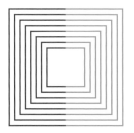

背景の色は、線の色が
赤だと赤みを、緑だと
緑みを帯びて見える。

明度の同化

背景の色は、線の色が
暗いと暗く、明るいと
明るく見える。

彩度の同化

背景の色は、線の色の
彩度が高いと鮮やかに、
低いとくすんで見える。

それとは逆に色が周りの色に影響され
て同化して近づいた色に見える現象が
あります。これを色の「同化現象」と
呼びます。

　同化現象は、背景となる色の中に置
かれた線の幅が細くなると、お互いに
溶け込んだように見えます。たとえば
スーパーでネットに入ったみかん、枝
豆やおくらが新鮮で美味しそうに見え
るのは、赤や緑といったネットの、細
く鮮やかな色が同化することによって、
色みが強く感じられるためです。同化
現象は図（見る対象となる部分）とな
る線の細さが 3mm 以下のときに生じ
るとされており、線が太くなると対比
効果をもたらします。

　色の同化には、上の図のように色相、
明度、彩度によるものがあります。

**同じ色の
みかんでも**

赤のネットだと
熟していて美
味しそうに
見える。

緑のネットだと
まだ熟してい
ないように
見える。

情報を伝える色の役割、誘目性・視認性・識別性

情報を伝える上で色は非常に重要です。見やすい色・配色について説明します。

■ 色は視覚言語

情報を伝える上で、色の機能は欠かせません。目に入る複数の情報を素早く見分け、瞬時に理解を促すという点で、色は極めて有効であり、私たちにとって視覚的なわかりやすさをもたらします。

たとえば地下鉄の東京メトロの場合、丸ノ内線は赤、千代田線は緑、東西線は水色など、地下鉄やその他の路線には、それぞれの路線の色（ラインカラー）と記号が設定されています。駅の構造が複雑化するなか、ラインカラーの色と記号はわかりやすい目印となり、目的の乗り場を容易に探すことを可能にしています。

色はこのように「視覚言語」として私たちの生活を便利にする役割を持っていますが、視覚情報を伝える上でまず大切なのは、見やすさ、探しやすさ、

誘目性の高い色と低い色

 >

誘目性は無彩色より有彩色、寒色系よりも暖色系、明度や彩度が高い色が高い。

【高】 白×赤　黒×黄　　　【低】 白、黒×青、紫

背景が白なら赤、黒やグレーなら黄が最も高い。

伝わりやすさです。

　特に配慮するべきは、周囲の環境の中から目を引くはたらきとしての「誘目性」、対象を探すときの認識のしやすさである「視認性」、文字や数字の読み取りやすさに関わる「可読性」、図や形のとらえやすさとしての「明視性」、そして特定の使用目的に合わせて色に意味を持たせ、複数の情報を区別・分類する「識別性」です。これらは近年注目を集めている「ユニバーサルデザイン」（年齢、障がい、性別、国籍などを問わずすべての人が使いやすいデザイン）を考える上でも欠かすことができません。

▨ 目の引き付けやすさ、誘目性

　見る人の興味や関心に関係なく、人の目を引き付けやすい目立つ色は誘目性が高い色となります。危険、禁止など重要度の高い情報は、人が意識する・しないにかかわらず伝えなければなりません。

　誘目性は無彩色よりも有彩色のほうが高く、寒色系の色よりも暖色系、明度や彩度が高いほど高まります。白を背景とした場合は赤が最も高く、黒やグレーの背景なら黄色が最も誘目性が高い色となります。スーパーのPOPなどにも、彩度の高い赤や黄色などの誘目性が高い色が多く使われています。

> ### 視認性の高い配色と低い配色

■ 黄×黒が最も視認性が高い。

視認性　　**視認性**

■ 明度差の大きい白×青、白×黒も視認性が高い。

視認性　　**視認性**

■ 明度差の少ない配色は視認性が低い。

視認性

対象物の見やすさ、視認性

　私たちの行動の拠り所となり生活に欠かせない案内表示などをはじめとするサイン標識には、「対象を探している人」にとって見つけやすく、わかりやすい視認性の高さが求められます。

　危険を知らせる踏切の遮断機の黄色と黒の配色は、最も視認性が高い色の例です。踏切の色からわかるように、視認性を高めるには背景と図のコントラストが大きい色の組み合わせ、特に明度差が重要となります。また黄色と黒の組み合わせは遠くからも認められやすく、危険を回避するのに適しています。

　他にも白と黒、白と青などの明るさがはっきりした配色も視認性が高く、白と黄色、黒とカーキなどの明るさの差が少ない色同士は視認性を低下させます。視認性は小売店の店舗や飲食店の集客にも関わります。

 文字や記号の読みやすさ、可読性

　私たちは日常的にネットのWebサイトやプレゼン資料などを目にしていますが、時々文字が読みにくい配色に出くわすことがあります。このような色使いは可読性が低い配色となります。

　可読性は「文字や数字の意味の理解のしやすさ」に大きく関わります。案

可読性の高い配色と低い配色

明度または彩度で差をつけると可読性が高くなる。

可読性

また、文字が単純な場合は背景を明るくして文字を暗く、
複雑な場合は背景を暗くして文字を明るくすると可読性が高くなる。

■■ 視認性や可読性、明視性が考えられた標識・看板

街中にある標識には可読性・視認性・明視性の高い配色が用いられている。

内表示などのサインにおいても、それが何を意味するものなのか理解できなくては本末転倒となってしまうため、色の組み合わせには注意が必要です。

　背景となる地の色と、図となる文字や数字の色の明るさの差を大きくするか、彩度で差をつける、または両方でコントラストをつけると可読性が高くなります。

■ 形のとらえやすさ、明視性

　明視性とは、ピクトグラムなどに見られるような、図形の認めやすさ、意味の理解のしやすさを意味します。非常口の避難誘導やトイレマークのサインなどがわかりやすい例といえます。

　背景（地）と図形（図）の色の明るさが大きいほど、明視性は高くなります。可読性と同様に背景と図の色の明度差、彩度差、またはその両方で差をつけると認識しやすくなります。

■ 情報を色で分類、識別性

　色は複数の情報を区別する上でも有

用です。異なる情報に色で意味を持たせて分類することを色の識別性といいます。たとえば電車で特急、急行、準急、各駅停車などがある路線では、乗客にわかりやすいようにそれぞれの色が設定されています。電車に限らず情報量が多い場合、色で区分けを行えばそれが何を示しているのか、一目で判

識別性が考えられた色の設定

トリアージの際にはタッグ（識別票）が使用される。優先順位が瞬時にわかるように、重症度に応じて色分けされている。

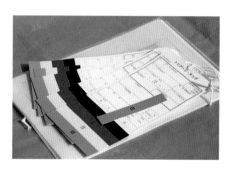

I	直ちに処置・治療が必要な状態。
II	治療が多少遅れても生命に危険が及ばない状態。
III	軽症で専門医の治療が必要ない状態。
0	処置を行っても生存の可能性がない状態。

小田急電鉄の路線図。どの電車がどの駅に停車するか一目でわかるよう色が設定されている。

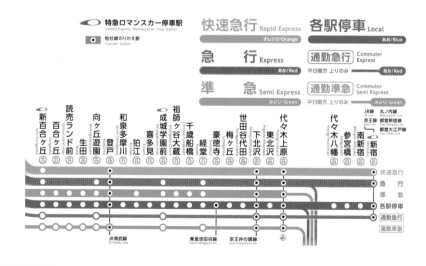

別が可能になります。

また、識別性は緊急時にも非常に役に立ちます。災害発生時など多数のケガ人が発生した場合に、傷病の緊急度、重症度によって治療の優先度を色で表示する「医療トリアージ」には、色の識別性が活用されています。医療トリアージの色は赤、黄、緑、黒の4色で、赤は最も優先順位が高く命に関わる重篤な状態で一刻も治療が必要な状態を表し、黄色は早期の治療が必要であるが安定した状態、緑は軽傷、黒は死亡していて手の施しようがない状態を意味します。

トリアージの色は世界共通で、赤、黄、緑の優先順位は信号機の識別色と同じです。識別性には色の象徴性も関わっており、ほとんどの場合、直観的に理解できるように設定されています。また色で識別を行う際には色覚特性（かつての色盲や色弱など）を持つ人、高齢者などの色の見え方にも配慮することが必要です。

▨ 情報を伝わりやすくするために

ビジュアルデザインに色を用いる際に、色同士の明度差や彩度差を大きくする方法がありますが、色相差を大きくしたほうがいいのではないかと考える人もいます。

しかし、色相差だけでは見えにくい配色となる場合があります。特に色相差があっても明度差がない2色を配色すると、ギラつきを生じさせたり、輪郭がぼやけたりするなど、判別しづらくなるので注意しなければなりません。

赤と緑はそうした組み合わせの代表で、このような見えにくさをリープマン効果といいます。明度差がない色の配色ほど、この現象が生じやすくなります。

リープマン効果は無彩色など、使用している色とは異なった性質の色で2色を区切ることで、解消することができます。

⟩ リープマン効果 ⟨

明度差がないとリープマン効果が生じて文字や図が見にくくなる。無彩色を間に入れると、リープマン効果を抑えることができる。

記憶される色と
イメージする色

記憶の中の色にも、味や形から連想される色にも、傾向があります。

▨ 記憶の色は違う色!?

桜と聞いて多くの人が思い浮かべる品種といえば「ソメイヨシノ」ですが、満開の桜の花を目にしたときに「こんな色だったっけ？」と感じたことはないでしょうか。これは人間の記憶色が関係しています。

桜のピンクのほか、イチゴは「赤」、バナナは「黄」、レタスは「黄緑」といった色を思い浮かべますが、おそらくそのイメージの色は実物よりも明るく鮮やかであるはずです。桜を実際に目にすると、実際にはほんのりピンクに色づいているだけであり、その白さに驚くこともしばしばです。

私たちは色を細かく記憶することはできません。脳が色を大雑把に分類して記憶する習性があるためです。

2015年に報告されたアメリカのジョンズ・ホプキンス大学の研究によれば、人間は実際に目で見た色をそのまま記憶せず、寒色や暖色などの色調をベースとして、無意識に「標準的な色」に偏って色を記憶していることが

記憶色	実際の色

記憶色のほうが実際の色より明度や彩度が高くなることが多い。

わかっています。私たちは約750万〜1000万もの色を見分けることができるため、たとえば空色、紺色、コバルトブルー、ウルトラマリンブルーを同時に見たときに、色調の違いを見分けて異なる色として認識しますが、脳はすべての色を「青」という大きなカテゴリーとして記憶するのです。

これには過去の記憶から色や物を思い出そうとするときに、記憶を素早く思い出せるようにするメカニズムが関係しています。わかりやすい明確な色である必要があるため、実際よりも高

味や湿度についての色のイメージ

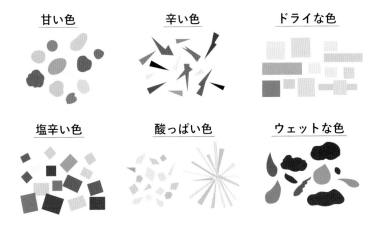

甘い色

辛い色

ドライな色

塩辛い色

酸っぱい色

ウェットな色

第2章 色の基礎知識を学ぼう

明度、高彩度な色の記憶となりやすいのです。

また色は好ましいと思う色に偏向して記憶される性質もあります。色の記憶の傾向には男女差があり、女性は男性よりも色を正確に記憶する傾向があるといわれています。

味から色や形をイメージ

甘い香りや、高い音、スパイシーな味と聞くと、どんな色を連想するでしょうか。第1章で触れましたが、色は香り、音、味、触覚など私たちの持つ五感のイメージと連動しています。

私が2003年から2019年まで講師を務めた明治大学の公開講座で行った、五感を表す色と形のワークでは、味や湿度などについて次のようなイメージになることがわかりました。

甘い味は丸みがある赤やピンク、クリームイエローや淡いグリーン。辛い味は尖った形の赤、黄色、朱色やオレンジ、暗い赤、黒など。酸っぱい味は弾けるような形や放射状の明るい黄色や黄緑系。塩辛い味は四角形の灰みがかった暗めの青や青緑、灰色系の色み。このように、かなりの割合で色と形についての共通性が確認できています。

湿度も同様で、ドライ（乾燥している）は、明るく淡いピンク系やオレンジ、黄色、緑色系、ウェット（湿度が高い）は、水滴やもやもやした形の明るい灰み〜暗い灰みがかった青や青緑の色で表現する人が多くみられました。

こうした多くの人に共通する感覚を、食品や飲料などの商品パッケージ、飲食店の内外装に応用することで売上アップにつなげることができます。

61

色が持つ温度感覚、暖色と寒色

私たちは一般的に、波長の長い色に暖かさを、短い色に冷たさを感じます。

色から感じる暖かさ、冷たさ

色といえば暖色系や寒色系という言葉に代表されるように、私たちの感覚として多分に感じられるのが、「暖かさ」や「冷たさ」ではないでしょうか。

一般的に赤、オレンジ、黄色などの波長の長い色は暖かさを感じられるため暖色、青緑、青、青紫といった短い波長の領域の色は涼しさや冷たさを感じられるため寒色といわれます。

色によって感じられる暖かさや冷たさは基本的に、太陽や炎、水や氷などの連想による部分が大きいといわれます。

それだけではなく、長い波長は熱線と呼ばれる赤外線と隣り合っており、暖かい感覚と関連しています。さらには、身体の状態をアクティブにする交感神経を優位にします。交感神経は血圧を高め、脈拍や呼吸数を増加させ、筋肉を緊張させ、覚醒を促し興奮状態にするはたらきがあります。そのため暖色系の色は体を活動的にさせ、暖かいイメージと潜在的に結びつきやすい

暖色と寒色

■ 暖色とされる色

■ 寒色とされる色

■ 中性色とされる色

のです。

寒色系の短い波長は紫外線と隣り合っています。特に冷たさとは直接的に関係することはありませんが、副交感神経を優位にするので体の状態をリラックスさせ、休息を促し、心と身体を沈静させてクールダウンする状態へと導きます。そうした色のはたらきから、青系統の色は涼しさや冷たさと心理的

太陽や炎から連想される色は暖かさを、水や氷から連想される色は冷たさを感じるとされている。そのため赤のインテリアの部屋では暖かさを、青の部屋では涼しさを感じる。

に関連しているのです。

　暖かさも冷たさも感じさせない色は緑と紫で、中性色と呼ばれます。緑は中波長の色であり、紫は赤と青が混合した色なので、温度感は感じにくい色となります。

　また暖色系の中で赤は熱さのイメージと関連し、オレンジは暖かさ、黄色は陽光の朗らかな温もりを感じさせます。寒色系では青が最も冷たい感覚を、青緑はクールな爽快感を、青紫は近寄りがたく深遠な印象を伝えます。

皮膚からも色の温度を感じる!?

　2017 年にコペンハーゲンのデンフリー現代美術センターで、2 週間にわたって 16 歳〜 73 歳の男女 55 人を対象に行った実験研究では、目隠しをした被験者が赤い照明の下では「暖かく、囲まれているかのような感覚」、青い照明下では「冷たく、宇宙に浮かんでいるような感覚」を共通して体感していたことが報告されています。他にも、照明の色が赤と青では、体感温度としておよそ 2 〜 3℃程度の違いがあるという研究結果もあります。

　網膜にある色光をとらえるオプシンという細胞が皮膚にもあることが最近の研究で明らかにされていることからも、暖かい色、冷たい色は見た目だけではなく、物理的にも私たちに温度感覚を生じさせている可能性が高いのです。

　さらに色による温度感は色相だけではなく、明度も関係しています。明るい色は反射率が高く熱吸収率も低いため涼し気に感じ、暗い色は吸収率が高いことに比例して熱吸収率が高いことから暖かいイメージにつながります。

重い色と軽い色、柔らかい色と硬い色

色は軽重感や柔硬感を左右します。それを知っておくと有効に利用することができます。

▨ 高級感を出すなら明度の低い色

大切な人にプレゼントを渡すとき、明るい色の包装紙、暗い色の包装紙のどちらを選ぶでしょうか。もしそれが高級な品物であるならば、ぜひ暗めの色の包装紙を選択することをおすすめします。なぜなら暗い色は重量感を感じさせ、それが高級感のあるイメージに結びつくためです。

色には重量感があり、そこには色の明るさが大きく関係しています。そして心理的に重さを感じさせるものは、高級な感覚を私たちに伝えます。有名なハイブランドの箱やパッケージに黒が多いのはそうした理由があるのです。

▨ 軽さを感じる色で効率アップ

2010年の実験心理学の研究では、同じ129gの白のボールと黒のボールを持ち上げたとき、黒いボールは白い

色と重量感

基本的に、明度が高いほど軽く、低いほど重く感じられる。

明度の低い色は重く感じられる一方で、高級感や頑丈さも感じられる。

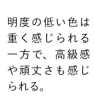

ボールよりも約8g重く、つまり黒は白より実際の重量の6.2%重く感じられることを報告しています。

　ネットショップなどで買い物をする人はわかると思いますが、配送される段ボールの色はほとんどが白または明るい茶色です。明るい色の段ボールは、配達員に余分な疲労を与えることを防ぎ、作業効率を高めるためにも有効なのです。

　そう考えると旅行用のスーツケースは白を選びたくなるはずですが、実際には黒が人気です。黒の重量感は負担に感じられそうですが、白に比べて汚れが目立ちにくく、さらに頑丈な印象を与えるため大切な荷物を入れるのに安心することもその理由のひとつといえるでしょう。

色には柔らかさと硬さもある

　人の印象を表現するとき、「物腰が柔らかい」「真面目で硬い」という言葉が使われることがあります。これには普段身につけている服装が多分に影響している場合があります。柔らかい印象を与える服の色は、一般的にピンク、クリームイエローなど暖かみのある明るく淡い色であり、硬いイメージを与えるのは紺や黒といったハードで暗い色です。

　スーツケースの例のように、黒は頑丈で硬い印象を伝えます。柔硬感に最

職業と色の柔硬感

穏やかで優しい印象が必要な職業には、明度の高い暖色がおすすめ。

真面目で堅実な印象が必要な職業には、明度の低い黒や紺を。

も関わるのは明度で、色相も関係します。明るさにもよりますが、暖色系は柔らかく、寒色系は硬く感じられる傾向があります。

　柔らかい色は人に対して温和で優しいイメージを与えるので、保育士、介護士、看護師など、人と接する職業の人に適しています。金融関係や不動産など大切な資産を扱う職業であれば、硬く見える紺色やそれに近い色のほうが顧客に真面目で誠実な印象と信頼感を感じてもらいやすくなります。

進出色と後退色、膨張色と収縮色

色は距離感や大きさの感覚にも影響を与え、さまざまな分野で応用されています。

距離感の違いは色収差が原因?

色は私たちの距離感にも影響を与えます。色光は眼の水晶体を通るとき屈折しますが、波長の長さによって屈折率が違ってくるため、目がとらえる焦点は異なります。波長が長いほど屈折率は小さく、短くなるほど大きくなり、結像する位置が前後にずれます。これを色収差といいます。

東京工業大学の塚田敢博士の研究調査によると、視力検査用の直径15mm のランドルト環を用いた実験では、平均で「黒地に赤」は最大距離35m で C の方向を視認できたのに対して、「黒地に青」は 28m となり、赤と青の色収差には 7m の差があることが確認されています。

これは、赤を見るときは網膜より後ろの位置で像を結び、青を見るときは網膜の手前で結像することが原因と考

青を見るときと赤を見るときの違い

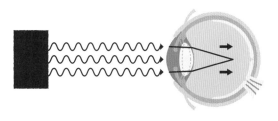

網膜より前の位置で結像。その分、後退して見える。

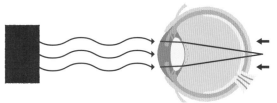

網膜より後ろの位置で結像。その分、進出して見える。

収縮色と膨張色

一般的に、明度が高いほど膨張して、低いほど収縮して見える。

また、寒色より暖色のほうが膨張して見える。

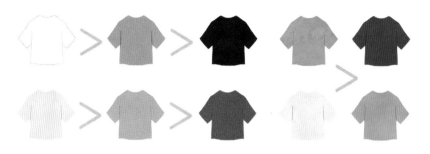

えられています。

水晶体は、赤を見るときは後ろで結んだ像を前に引き戻そうとして厚くなるため実際よりも距離感覚が近く、青を見るときは前で結んだ像を実際よりも後ろに戻そうとして薄くなるので距離感覚が遠く見えるとされています。しかしまだはっきりとした理由は解明されていません。

一般的に距離感が近く感じる色は進出色、遠くに感じられる色は後退色といわれています。同じ色相でも明るい色は暗い色よりも近く感じられる傾向があり、この色による距離感覚はインテリアの色彩計画などでも考慮されています。

また、心理的にも距離が近く感じられる暖色系の色は親しみやすく、遠く感じられる寒色系は近寄りがたい疎遠な印象を私たちに伝えます。

■ 大きさの感覚にも影響を与える

同じ大きさのものでも、色によっては実際よりも大きく見えたり小さく見えたりすることがあります。たとえば囲碁に使われる碁石の白い石は直径21.9mm、黒い石は直径22.2mmの異なるサイズで作られています。石の大きさを同じにしてしまうと、白い石のほうが大きく見え、碁盤上では白が有利に見えてしまいます。

このように大きく見える膨張色、小さく見える収縮色があります。以前、介護施設でユニフォームの色の相談を受け、明るい黄色とオレンジを提案したところ、「太って見える」という理由でスタッフから反対された経験があります。彼らの希望を聞いてみると、収縮色である「紺色」を望む声が多くあがりました。この事例の通り、色は明るくなるほど膨らんで見える膨張色

となり、暗い色は小さく縮んで見える収縮色となります。

膨張・収縮感は明度との関連性が強く、色相はほとんど影響しません。薄い、明るい、冴えた、鈍い、暗いなどの色調（トーン）が同一の有彩色の場合、最も明度が高い黄色が膨張色となり、明度の低い青や青紫に近い色は収縮色となりますが、明度が同じであればどちらの色であっても同じ大きさに見えます。この色の見え方の効果はファッションコーディネートをはじめ、建築、インテリアなどのデザインでも応用されています。

明るさによって色が違って見えるプルキンエ現象

昼間は鮮やかに見えるポストや標識の赤が、なぜか夕暮れ時には暗く沈んで見えると感じたことはないでしょうか。

赤は誘目性の高い色ですが、暗くなるとその効果は格段に下がります。反対に暗くなると青い色は明るく感じられます。こうした現象は「プルキンエ現象」と呼ばれます。これには色の波長と視細胞が関係しています。

前述したように、視細胞には明るいところではたらく錐体細胞と、暗いところではたらく桿体細胞があり、この2種類の細胞はそれぞれ感度が異なります。錐体細胞は長波長域の感度が高く、桿体細胞は短波長域の感度が高いため、暗くなると青系の色が明るく、赤が暗く感じられるのです。

この現象はチェコの生理学者であるJ.プルキンエが、並んで咲いていた赤い花と青い花が、昼間は同じ明るさに見えていたのが、夕暮れには赤い花がくすんだように見え、逆に青い花が明るく見えることに気づいて発見したものです。

道路標識に青い色が多いのは、このプルキンエ現象を考慮しているためです。基本的に道路標識には電灯が設置されていないため、夕暮れや夜でも見えやすい青が使われているのです。

国や文化で
異なる色のイメージ

書類に使うボールペンの色は青色が常識?

日本では日常的に黒のボールペンを使いますが、実は世界では少数派です。

黒を使うのは日本だけ?!

　仕事や勉強などで日常的によく使うボールペン。あなたは何色を使っているでしょうか。

　日本では履歴書や役所に提出する書類、契約書にサインをするとき、黒インクのペンを使うのが主流です。しかしそれは、世界の国々の中ではごく少数派です。

　タイ、ベトナムをはじめとする東南アジア、アメリカやヨーロッパ諸国では、公式文書には青インクのペンを使うのが決まりです。普段の書き物にも黒いボールペンが使われることは滅多になく、お店の伝票に書かれた文字などを見るとほぼ間違いなく青色です。

　これらの国々は契約書にサインをする文化圏です。もともと大切な書類にサインをするときには、複写するために黒のカーボン紙が使われていました。この複写の書類と原本を区別するために、手書きのサインには青いインクのペンが使われるようになったのです。

　また、欧米では実用面においても青

いインクが有用でした。ボールペンが普及する以前の1960年代までは、耐久性・耐光性に優れたブルーブラックのインクが使われており、この色のインクは現在も正式な色として認められています。

　中国、韓国、日本は墨の文化で、契約には印鑑を使用する風習から、黒い文字が普段から使われ、公式文書の色として使用されていました。しかし中国では、白い紙に黒インクは葬式を連想させるため縁起が悪いという連想につながるという理由から、今では青のペンが多く使われています。実用面だ

かつて公文書の万年筆のインクは保存性の高さからブルーブラックが使われていた。その名残から現在でも欧米では青が主流。

■■ タイの曜日と幸運をもたらすもの

曜日	日	月	火	水(昼)	水(夜)	木	金	土
色	赤	黄色	ピンク	緑	黒	オレンジ	青	紫
数字	6	15	8	17	12	19	21	10
守護方角	北東	東	南東	南	北西	西	北	南西
守護動物	ガルーダ（神鳥）	虎	ライオン	牙がある象	牙がない象	ネズミ	モグラ	蛇・竜

けでなく、使われるペンの色には信心深さも関係していることがわかります。

▦ 色で曜日がわかる国

　日本で多くの人が自分の血液型を把握しているように、自分が生まれた曜日を誰もが即座に答えられる国があります。そのひとつがタイです。

　タイの人々は曜日を重要視していて、曜日によって守護仏、守護動物、方角などが決まっています。それだけでなく、名前でさえ生まれた曜日にちなんでつけられています。

　曜日ごとにも色があり、象徴される色は、上の表の通りです。水曜日だけ色が昼と夜で異なるのは、週の始まりを日曜日としたとき、その真ん中が水曜日であるためです。

　タイの国民は自分の生まれた曜日の色を大切にしていて、曜日の色はその

まま幸運をもたらすラッキーカラーと考え、衣服や小物、宝飾品にも取り入れています。

　この曜日崇拝の起源は、古代インドのバラモン教の物語の神様の話が元になっており、色は曜日を守る神の色を元にして考えられています。

　さらに一般の国民にカレンダーが普及していなかった時代のタイの王宮では、仕える人々にその曜日を表す色の着用が定められていました。国民は宮廷に出仕する女官の服の色を見て、その日が何曜日であるかを知ることができたと伝えられています。

　このように、色はその国の文化を表していて、意味も国によって変わってきます。本章では国によって違う色の使われ方やイメージを紐解いていきます。

東西や宗教によっては真逆、紫と黄色のイメージ

紫も黄色も国や宗教などによって高貴な色になったり忌避される色になったりします。

西洋で紫は最も高貴な色

黄色と紫、この色はカラーシステム（色相環）では物理的に補色関係にある真逆の2色ですが、不思議なことに国や地域によってまったく地位が異なり、正反対のイメージを持つ色でもあります。

現在、高貴な色といえば紫を連想する人も多いと思いますが、その由来は古代ヨーロッパにあります。合成染料が発見されるまで、ヨーロッパ地域において紫の原料は、アクキ貝の一種である貝の鰓下腺（別名パープル腺）からプルプラという分泌液を抽出したものでした。この染料は貝紫と呼ばれ、1gの貝紫を得るには2000個以上の貝が必要な、とても貴重な染料であったと伝えられています。この貝は紀元前1600年頃、フェニキア（古代の地中海東岸付近）で採取され、エジプトやギリシャ、ローマなどの周辺各地に輸出が行われていました。

ローマ帝国時代には、紫は原料と手間のかかる高度な染色技法が必要であ

アクキガイ科のアカニシと、その分泌液で染めたストール。　　写真提供：天然色工房 tezomeya

ったことから、**最も貴重で尊い色**と考えられました。そのため貝紫で染めた紫色は皇帝の許可を得た者のみが着用することが許される「権威の象徴」となり、高貴な色、「ロイヤルカラー」としての地位が築かれたのです。また英語の「Born in the purple」という言葉は、ローマ皇帝に世継ぎが生まれたときに室内のカーテンに紫色を用いた風習から、「高貴な身分の子が生まれる」という意味を示しています。

高貴？卑俗？東洋での紫の地位

紫は東洋、特に中国では、春秋戦国時代（紀元前770～前221）に成立した陰陽五行説と大きく関わっています。

中国の三大宗教は儒教、道教、仏教ですが、陰陽五行説は紀元前550年頃に成立した儒教と道教に強い影響を与えました。

陰陽五行説は、物質や物事の成り立ちとその過程を「陰と陽」の二極、「木・火・土・金・水」の5要素（五行）によって理論化した考えです。すべてのものが五行に帰属しているとし、色彩はそれぞれの要素に「青、赤、黄、白、黒」の5色があてがわれています。この5色は「正色」と呼ばれ、当時の漢民族に大切な色として尊ばれました。

混合色である紫は正色にはあたらず、当時とても貴重だと考えられていた赤を混ぜなければ成立しない色であ

ることから、儒教においての地位は低く、忌避されていました。しかし紫色は当時、人気の高い色で人々にもてはやされており、正色ではない色が正当なものを凌駕するようすに憤慨した孔子は、「悪紫乃奪朱也」（紫の朱を奪うを悪む）と『論語』に記し、紫色を皮肉っていました。

道教では紫は天帝の色

一方道教では、紫を陰の黒、陽の赤の間の色とし、陰と陽が融合することで新しい世界が創られ、さらに陰陽統合体は「宇宙」を意味するとし、紫は宇宙そのものの色、「天帝」の色だと考えられました。

そうしたことから当時北極星は「紫

陰陽五行説の五行と色の関係

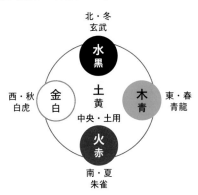

陰陽五行説では、すべてのものは「木・火・土・金・水」の5つの要素によって成り立つとされ、方位、季節、神獣などがそれぞれに配当されている。

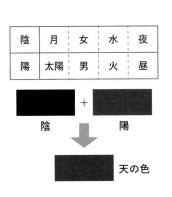

道教では、紫は陰＝黒、陽＝赤の中間色であり、宇宙の色＝天の色として尊ばれた。

微星」、その周囲の星座は「紫微垣」と呼ばれ、天帝の住まいである皇宮は「紫禁城」と名付けられました。これは、紫（天帝）以外の男性が住むことを禁じる城という意味です。他にも紫を用いた「紫宮」、「紫台」、「紫宸」、「紫庭」など、天子の居場所を表す言葉も数多く登場しています。

また東洋では、紫色の原料はヨーロッパとは異なり、中国、朝鮮、日本に分布する多年草である「むらさき草」の根を乾燥させた、漢方薬にも使われる「紫根」でした。これもまた貴重な染料として重宝され、染色も時間と労力が必要とされました。そのことも紫が高位である理由と考えられます。

紫根染めによって得られる紫色は、ヨーロッパの貝紫の紫に比べて青みがかった紫色で、現在でいう「バイオレット（青紫）」に近い色です。そのため、西洋と東洋では紫色についての基準が若干異なります。

儒教では最も尊い色は黄色

儒教では、五行で「土」と「中央」を表す黄色が天帝の色とされ、黄色こそ世界の中心であり、最も尊い色と考えられました。中国の大地は「黄砂」であり、文明を育む大河は「黄河」によって形成されていることから、黄色は畏敬するべき重要な色とみなされたのです。

「紫禁城」に「黄色い瑠璃瓦」が用いられ、皇帝の衣装「龍袍」が黄色であることには、そうした背景があります。そして「黄帝」、「黄屋」、「黄門」という言葉もやはり天子にまつわる言葉となっています。

このように紫と黄色は高貴な色としてその地位を二分していましたが、最終的に国土を織り成す黄色を尊ぶ風潮が高まったことから、やがて紫は天子に次ぐ「最も高い官位」を表す色として扱われるようになりました。

紫と黄を用いた天子にまつわる言葉

道教	儒教
紫宮…天帝が在所する天上にあるとされる宮殿。	**黄帝**…古代中国の神話、伝説上の帝王。
紫台…皇帝の宮殿、皇居の意。	**黄屋**…皇帝が乗る車を覆う黄色の絹。
紫宸…天帝が居住する御殿。	**黄門**…宮殿の門。または皇帝の次の位。
紫庭…内裏・宮中、皇居の別名。	**黄鉞**（こうえつ）…皇帝が持つ天子の象徴とされる大型の斧。

■ 冠位十二階の冠の色

「冠位十二階」は日本で初めて役人を等級で序列づけた制度で、聖徳太子が603年に制定したとされている。冠の色で朝廷に仕える者を12の位に分け、それぞれの冠の色を定めた。紫は最上位の「大徳」の色だった。

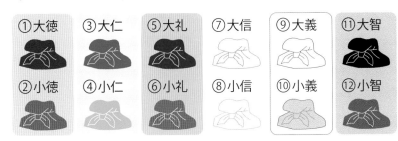

①大徳 ③大仁 ⑤大礼 ⑦大信 ⑨大義 ⑪大智
②小徳 ④小仁 ⑥小礼 ⑧小信 ⑩小義 ⑫小智

※黄色は次の改正では含まれない。

■ 日本の歴史の中の紫と黄色

　この風習は日本へと伝わり、わが国でも飛鳥時代に推古天皇の摂政となった聖徳太子が603年に制定したとされる「冠位十二階」では、五行思想の基本色の青、赤、黄、白、黒の冠で位階を示し、さらにその上に最上位となる紫を置いています。

　一方、天子を表す黄色としては、日本でも天皇が重要な儀式の際に着用する黄袍は「黄櫨染」、皇太子の袍は「黄丹」とされ、厳格な禁色となりました。

　日本以外では、中国の支配を長く受けたベトナムでも、最後の王朝が置かれたグエン朝王宮は紫禁城を模して建てられており、その屋根瓦は、皇帝のみが使うことができた黄色が用いられています。

■ 西洋で忌避された黄色

　東洋で畏敬される黄色ですが、西洋における黄色のイメージはまったく異なります。英語でも黄色に関する言葉には、「yellow dog」（腰抜け・卑怯

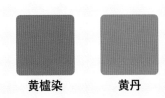

黄櫨染　　　黄丹

袍とは古来から天皇が重要な儀式の際に着用する装束の上着。天皇だけが身につける黄櫨染と、皇太子もしくは皇嗣が身につける黄丹は、他の者が着用することを禁じられていた。

キリスト教圏では黄色は豊かさを象徴する実りや黄金の色だった。

者）、「yellow bellied」（臆病な・卑怯な）、「yellow stockings」（嫉む・嫉妬）、「yellow journalism」（スキャンダラスな・興味本位のメディア）などがあり、黄色にまつわる言葉は、圧倒的に蔑みの意味を持つ言葉が多くみかけられます。

　もともとキリスト教圏では、黄色は太陽、実った麦の色、富、黄金を意味する豊かさの象徴の色でした。エジプト、古代ギリシャ、ローマでも好まれていましたが、中世以降になると黄色に対する観念は一変しました。

　それは「最後の晩餐」を代表とする絵画の、イエス・キリストの弟子「イスカリオテのユダ」の着衣が原因です。銀貨30枚と引き替えにイエスを売ったとされる彼の着衣は、黄色で描かれました。これらの絵画によって、黄色という色自体が「精神の廃退」の象徴となったのです。

黄色は病気の兆候の色だった

　また、病気の色が関係しているとい

う説もあります。旧約聖書では、白い肌を持つ人種の人々はハンセン病の兆候として髪の毛や肌の色が黄色みを帯びてくることから、この色を嫌ったという記述があります。日本では顔色の悪さを「青い」といいますが、欧米では「黄色い」と表現します。

　そうしたことから黄色が「不吉」のシンボルとなっても不思議ではないでしょう。

　今日でも欧米では黄色は、「嫉み」、「臆病」、「卑怯」、「裏切り」、「無節操」の代名詞であり、「浮気な」、「扇情的な」という意味を持ちます。また黄色いバラの花言葉は「嫉妬」です。

軽快さが軽薄感へ

　さらに黄色は、中世のヨーロッパでは異端者や罪を象徴する色でもありました。スペインでは犯罪者の手に黄色い蝋燭を持たせて引き回しの刑にするほか、黄色い衣服を着せて火炙りの刑に処し、フランスでは罪を犯した者の家の外壁やドアは黄色で塗られたという記録が残っています。

　そうしたネガティブなイメージが強い黄色ですが、2010年のイギリスのマンチェスター大学医学部の研究調査では、この色がポジティブで幸福な感情と最も結びつきが深いことを報告しています。

　また1900年に発行された『オズの

魔法使い』に出てくる「黄色いレンガ道」は「幸せへの道」を表しています。さらに絵画において日本では多くの場合、太陽は赤で表されるのに対して、欧米では黄色で描かれることがほとんどです。

このように黄色は光の輝きを表す色ですが、軽快で重量感がないことから軽薄さに関連し、宗教的な裏切りの観念としての象徴や病気の兆候の色であったことからも、欧米では否定的な意味を持つようになったのです。

▓ イタリアの芸能界では不吉な紫

これまで紫色は高貴な色としてのシンボルカラーであると述べましたが、現在のイタリアでは不吉を意味する色

と考えられています。

特に紫はオペラ界においては最悪の不運を意味し、イタリアのオペラ舞台関係者は決して紫色のものを身につけて劇場に入りません。舞台、劇場だけでなくテレビ番組などでも嫌われる傾向があります。

キリスト教では、キリストの復活祭前に40日間の苦行（くぎょう）を行う期間（四旬節）があり、聖職者は紫色の法衣を身につけます。かつてこの期間は、演劇や公演が禁止されていました。それは俳優や舞台関係者にとって仕事を奪われ、収入がなくなる致命的な出来事を意味します。そうした経緯から紫は芸能界で縁起の悪い色ということになったのです。

▓ 紫の染料、紫根

東洋の紫の染料は、むらさき草の根を乾燥させた「紫根（しこん）」。生育にも染色にも労力がかかることから高貴な色であった。

むらさき草（左）と紫根（右）。紫根で染めた紫は少し青みがかっている。抗炎症作用や殺菌作用があり、現在では生薬として用いられている。

黒や白だけでなく青や赤も?!
喪や葬儀の色

喪の色は同じ色でも宗教的観念、死生観などが影響し、意味合いが変わってきます。

▨ 紫は葬儀の色でもある

イタリアでは紫色は、黒と同時に喪を象徴する色でもあります。その由来は、13世紀の初めにローマ教皇であるインノケンティウス3世が、前述の四旬節の典礼色である紫を葬儀の慣習的な黒とともに取り入れたことが始まりといわれています。苦行と悔悛を意味する紫色は、葬儀の場で故人の魂に厳粛な祈りを捧げるための色だと考えられたのです。

イタリアでは葬儀に用いられる紫色を日常的にも避ける傾向があり、衣類や家具、プレゼントの包装紙などすべてのものに対して敬遠する傾向があります。

伝統的な風習を重んじる芸能界では紫色は未だ忌避される風潮もありますが、「ヴィオラ」の愛称を持つイタリアのサッカーチーム「フィオレンティーナ」は紫色をクラブカラーとして使用しています。またブランドのコレクションの影響もあり、最近の若い世代では気にする人は少なくなっているようです。

紫色はブラジルでも喪の色とされています。ブラジルではカトリック教徒が人口の多くを占め、やはり葬儀の色

日本の喪服

もともと日本の喪の色は、他の東アジアの国々と同様に白だった。

■ 明治時代まで

■ 大正時代から現在

として使われています。さらにタイでは未亡人が喪に服すために着用する色とされています。

世界各国で異なる喪の色

キリスト教圏であるヨーロッパやアメリカでは、基本的に喪の色は厳粛さを示す黒です。一方、東アジアは仏教や儒教の影響から白を基調としています。葬儀に白を用いているのは中国や韓国、台湾などで、弔事は「白事」と呼ばれています。しかし都市部では近年、黒やグレーの喪服が着用されることも多くなっています。

日本で喪の色といえば現在では黒が主流ですが、もともと千年以上にわたって葬儀の色は白でした。黒の喪服が登場したのは明治維新以降です。大正4年（1918年）に皇室では喪服は黒を着用することが定められ、さらに第二次世界大戦によって葬儀が増えたことから、汚れやすい白よりも、汚れの目立たない黒が普及するようになったのです。

東南アジアで白を喪の色とするのはカンボジアやベトナム、インドです。ヒンドゥー教で死は「終わり」とはみなされておらず、白は再生のサイクルを象徴する浄化の色だと考えられています。

イランでは、青は天国と精神性を象徴しているため、青が喪の色として認識されています。

葬儀を赤で彩る国

生命力の象徴とされる赤を葬儀の色として用いる国もあります。それは南アフリカとガーナです。

南アフリカで赤はアパルトヘイト時代に流れた血を表すことから、喪の色と定められています。

ガーナの葬儀では、赤か黒を着用するのが決まりです。ガーナでは「死」は「新たな始まり・旅立ち」とされ、死は悲しむためのものではなく、新たな人生を得た故人をみんなで祝福するという考えが根付いています。葬儀では食べ物と飲み物が用意されるだけでなく、音楽、歌、踊りで盛り上がり、伝統的な太鼓グループやダンサーを呼ぶこともあります。

喪の色は宗教的観念、死生観などが大きく影響しており、同じ色であってもその意味合いが変わってくるのです。

■ 世界の喪の色

■（黒）	ヨーロッパ諸国、アメリカ、日本など
□（白）	中国、韓国、台湾、カンボジア、ベトナム、インドなど
■（濃灰）	イタリア、ブラジル、タイ
■（灰）	イラン
■（黒灰）	南アフリカ、ガーナなど

ちなみにイスラム教の喪の色は白だが、それほど厳格な決まりはなく、黒、灰色、茶色など控えめな色の着用も認められている。

自然の色、緑のイメージは自然環境によって異なる

比較的温暖な東洋と厳しい自然環境の欧米では、緑色のイメージが異なっています。

悪い顔と良い顔を持つ緑色

日本で緑色は、安全、穏やか、安らぎに結びつき、ポジティブなイメージを持つ色として認識されています。

昔から東洋では自然を表す色として愛でられ、中国やアジアのほとんどで緑色は妊娠と幸福の象徴であり、陰陽五行説では青（緑）は年の始めの門松の色、縁起の良い色のひとつとして好まれてきました。

一方欧米での緑は、未熟な果実、毒、健康状態の悪化、カビ、腐敗、死者の顔色、妬み、嫉妬を表し、ヨーロッパでは身体に関わる緑は不吉な兆候を示す色であるとみなされることも少なくありません。しかし中世ヨーロッパ以降においては、冬が明けて春が訪れたことを祝う五月祭の色であり、そこでは枝葉を飾りとして緑の衣服をまとうという風習もあります。

春になると再び芽を出す緑色は再生につながるとされ、青春、恋愛、結婚、出産を表す色としても考えられています。さらに商人、銀行家によって着用され、富と紳士を象徴する色でもありました。

お正月に飾られる門松の緑は縁起の良さを象徴。

まだ熟していない果実の緑は若さとともに未熟さを象徴。

緑はドル札の印刷の色であり、お金を象徴する色でもある。

ドル札に使われる緑色は当初、カメラでの複製の偽造を防ぐために採用されましたが、ステータス、繁栄との関連性から現在では強力で安定した通貨の色という位置づけにあります。

そのほか緑は安全と許可を示す伝統的な色であり、緑色のライトは先に進むことを意味し、グリーンカードはアメリカでの永住を許可するものです。

つまり欧米で緑は、良い顔と悪い顔とをもつ両義的な色というわけです。

紋章や色彩を研究しているフランスの学者、M.パストゥローは、緑は幸運と不幸、運命の気まぐれなどを表す色だと論じています。たとえばルーレットなどの賭け事のテーブルや、テニスコート、ビリヤード台が緑色なのも、勝負がどちらに転ぶかわからないという不安定さから選ばれると考察しています。

■「自然＝緑」の家屋への影響

緑に対するイメージの違いは、自然環境にあります。

特にヨーロッパは、冬の寒さが厳しい地域が多く、家は石造りが主流で、暖炉の熱を逃がさない小さな窓と頑丈な壁で作られています。家は自然の驚異を防御するためのシェルターであり、「自然＝緑」は御しがたく厳しいものであるという感覚が潜在的に根付いています。東洋に比べて欧米でカラフル

なインテリアデザインが発展したことにはそうした理由があるのです。

日本をはじめとする東洋は、比較的温暖な気候の場所が多いことからも、木造の建物が多く造られています。庭を部屋の空間の一部と考えていることから、古来の建築物は室内と屋外は連続性がある造り方になっています。いわば「自然＝緑」とは共存、共生関係にあるわけです。

そのため、東洋で緑は良いイメージにとらえられやすいのです。

日本と欧米の家屋の違い

欧米の家屋は厳しい「自然＝緑」から防御することが目的。

日本の家屋は木造が多く「自然＝緑」と共存している。

東西南北の方位と結びつく色がある

方角と色の関係も民族や宗教で異なりますが、太陽の位置や空の色が関わっています。

陰陽五行説の影響を受けた日本

大相撲の観戦時に、吊り屋根の四隅のカラフルな4色の房を目にしたことはないでしょうか。

房の色には意味があり、方角によってそれぞれの色が決められています。この色は先ほど紹介した陰陽五行説による東西南北の守り神に由来しており、東は青龍（青または緑）、南は朱雀（赤）、西は白虎（白）、北は玄武（黒）とされています。この四神がそろうことによって、土俵に良好な運気がもたらされると考えられているのです。

有名な奈良県のキトラ古墳の壁画に描かれた四神にも、これらの色が塗られていた形跡が確認されています。

それぞれ、青は植物の色で木、赤は太陽や火の色、白は金属の輝き、黒は低いところへと流れ地下へ降りていく水を表しています。

東西南北を表す色は、陰陽五行説の発祥となった中国、その影響を受けた日本と韓国で共通しています。

この色と方角の関係も、民族や宗教、国によって違いがみられます。

四神と方位の関係

玄武

白虎

青龍

朱雀

東西南北を司る四神は、方位のほかに色や季節を象徴する。東の青龍は春（青春）、西の白虎は秋（白秋）、南の朱雀は夏（朱夏）、北の玄武は冬（玄冬）を表し、ライフサイクルにたとえられることもある。四神は風水思想の概念にもなっており、古くは京都（平安京）や江戸の町作りにも反映された。横浜の中華街の門も方位ごとにそれぞれの色で彩られている。

トルコ語で、デニズ＝海、カラ＝黒、クズル＝赤、アク＝白、ギョク＝青。白海（アクデニズ）は地中海自体を指すが、赤で囲ったエーゲ海辺りともみなされている。

トルコとインドも日本と同じ

　偶然にもトルコでは、東西南北の色が陰陽五行説と同じです。

　トルコにおける東西南北の色は、太陽の動きや寒さと暑さに関連しています。東の青は朝と崇高な空と春、青いドラゴン、南の赤は太陽が最も高く位置する正午と火と夏、赤いカササギ、西の白は日没、秋と白い豹、北の黒は真夜中と冬、黒蛇を象徴しています。

　これらの色は、トルコ半島周辺を取り巻く海の色の名前にも反映されています。北の海は「黒海」（カラデニズ）、南の海は「紅海」（クズルデニズ）、西の海は「白海」（アクデニズ）と名付けられています。東は海に直接面していないものの、その先にあるカスピ海が空色の海（ギョクデニズ）だと考えられています。世界の中心を示す色も同じく黄色ですが、トルコの場合は宮廷や玉座の黄金色を象徴しています。

　またトルコの山、丘、川、海、都市などには、方位の色に由来する地名が多くみられます。

　さらにインドも仏教による五大要素という思想があり、示す意味は異なりますが、東西南北の色は同じです。すべての要素は「地・水・火・風・空」で成り立ち、青は東と空、赤は南と火、白は西と水、黒は北と風、黄は中心と地に対応する色として考えられています。

アメリカ先住民族の方角と色

　アメリカには先住民の部族のひとつで、スー族と呼ばれる人々がいます。「ティピ」という移動式天幕を住居とし、「ワパパ（羽根の冠）」を被り、大平原を馬で駆け回るライフスタイルを送る彼らは「ラコタ」と呼ばれています。

彼らの間では、東は黄色、南は白、西は黒、北は赤とされています。

色は、ラコタの神々と自然とのつながりを示すもうひとつの指標であり、重要な役割を果たしています。ラコタの創造神話では、昔地球に降り立った神の使者が、ラコタの人々に4つの風と4つの方向を与え、それぞれに黄色、白、黒、赤があてられたとされています。

東は黄色で東から昇る太陽、新しい誕生、理解の始まりを示し、南は白で暖かさと成長、生命の源を、西は黒で人生の終わりと水源の方向を意味し、北は赤で厳しい風と忍耐、試練、傷、悟りを表す色だと考えられています。

他にもナバホ族は彼らの故郷の4つの方向にそびえ立つ神聖な山を黒、白、青（ターコイズ）、黄色でたとえ、部族の創造の物語に結びつけています。ナバホ族の伝説では昔、人は高い山に囲まれて住んでおり、東の山は白で昼、南の山は青で夜明け、西の山は黄色で夕方、北の山は黒で夜の闇とし、それぞれの色で大地を覆うと伝えられています。

▦ 古代ギリシャの方角と色

古代のギリシャでは、「物質は、火、水、土、空気の4つの元素からなる」という四元素説が哲学者の間で唱えられていました。

これは、四大元素が結合と分離を繰り返すことで世界はいつまでも消滅せずに存在し続けるという考えです。各要素には色が関連づけられていて、黄は東と火、赤は南で空気（風）、黒は西または北と水を、白は北または西と大地を意味していました。

四大元素と色の関係については諸説ありますが、この考え方はアラビアやエジプトにも伝わって、錬金術の考えの元になります。これらの色は卑金属を貴金属に変える力を持つ、賢者の石を作るために必要と考えられ、重宝されていました。

▦ マヤ文明における方角と色

現代でも知られるマヤ暦で有名なマヤ文明は、紀元前1000年〜16世紀頃までメキシコ南東部や中米のマヤ地域を中心に栄えた文明です。マヤ文明の世界観において、方位と色は重要な意味を持っていました。

太陽の昇る東は赤で、日の出の太陽、太陽の再生と復活、生命の誕生、蘇りを象徴していました。また赤はエネルギーの色、始まりを表す色でした。

南は、黄色で表され、地下に入った太陽の復活のための場所と考えられ、マヤの人々の主食であるトウモロコシの熱し始めの穂の色であることから、「誕生前」の色という意味を持っていました。

■■ 国・民族による方位と色の関係

	東	南	西	北	
中国、日本、韓国	青または緑	赤	白	黒	陰陽五行説に基づく
トルコ	青	赤	白	黒	太陽の動き、暑さや寒さと関連
インド	青	赤	白	黒	仏教の思想に基づく
アメリカ先住民 スー族	黄	白	黒	赤	ラコタの創造神話に基づく
アメリカ先住民 ナバホ族	白	青	黄	黒	ナバホ族の伝説と結びつく
古代ギリシャ	黄	赤	黒または白	白または黒	四元素説に基づく
マヤ文明	赤	黄	黒	白	太陽の位置や主食のトウモロコシの色と関連

太陽が沈む西は、地下界に太陽が入る場所であるという考えから、暗闇としての黒があてられ、死やそれに結びつく戦争を表していました。

北は上の方角を示し、天頂で燦然と輝く太陽の光を象徴する白とされていました。南半球では北こそが太陽の位置する色であるためで、王位とも結びつけて考えられていたのです。

また4方向を示す赤、黄、黒、白は中南米ではトウモロコシの色にもみられる色で、方位の色はこの4色とも関係しているともいわれています。

東西南北が合わさる世界の中心は緑色で象徴され、聖なる「生命の木」である巨木、セイバの木の色を表しています。その巨木は地下世界と地上世界、天界をつないでいると信じられていました。

この緑、赤、黄、黒、白の5色は衣装を作る織物の色、上流階級の男性が着る衣装の色としても用いられ、マヤの人々の生活には欠かせない色として扱われていたのです。

さまざまな色のトウモロコシ。アメリカ大陸では、主食であるトウモロコシの色が重要な意味を持っていた。

今では最も好まれる青にも不遇の時代があった

中世まで重要な色とされていなかった青が人気の色となるまでの歴史をたどります。

意外と歴史が浅い青の文化

青は地球の色であり、近年世界中で最も好まれる色ですが、意外なことにそれほど古い歴史を持っていません。青は先史時代の洞窟壁画に使われることはなく、儀式の場でもほとんど用いられない色だったのです。

特に古代から中世初期（1000年頃まで）のヨーロッパにおいて、ギリシャ語、ラテン語には「青」を表す言葉は存在しませんでした。古代のギリシャ人は海の色を緑や茶色がかった葡萄酒の色であると認識しており、青という色はその頃に書かれた文献にも記されていません。

またローマ帝国の民はそのほとんどがラテン民族であり、青は異民族のケルト人とゲルマン人の色、「労働階級の色」、「蛮族の色」として卑下されていました。ローマでは喪服以外での青い服の着用は、信用を失う不謹慎で不道徳な行為と考えられていたといいます。

青は日常的に目にする色ですが、空

青は空や海の色。身近な色だが古代では青は緑とひとつのカテゴリーにされていた（42ページ参照）。

や海のように手に触れることのできない性質を持ち、作り出すことが難しい色であったため、古代の人々にとって普段の生活では重要な役割を持たない色でした。

色としての概念を持たない青は、古代の人々にとっては価値のない空虚な色に過ぎなかったのです。

美しい青の染料がなかった

ケルト人とゲルマン人の色と考えられていた理由は、彼らが染めていた青があまりにもくすんでいたためです。

その頃の青は、当時ヨーロッパの温暖な地域で自生していた「タイセイ（大青）」というアブラナ科の植物から採

れる成分を染料としていました。これを用いて青を美しく染めるには時間を要する長く煩多な作業が必要で、それをなおざりにして染められた青い布は濁った色合いでした。そのために青はもっぱら農民や職人の作業着に使われていました。

　このことから、ローマ人はタイセイで染めた青に限らず、青色そのものを嫌ったのです。さらには明るい青は貧しさを、暗い青は死や冥界、地獄を連想させる色として嫌忌されました。

最古の化学顔料は青だった

　しかしそれまでの間、青の出番がまったくなかったかというと、そうではありません。エジプトでは紀元前2500年頃に世界で最古となる化学顔料が作られたという記録があります。古代エジプトで青はナイル川と水、天空、生命の象徴として崇め奉られた色でした。

　美しい青の天然顔料は少なく、そのひとつであるラピスラズリは非常に貴重な鉱物でした。ラピスラズリが採取できないエジプトでは、この色を手に入れるために、石英、銅を含んだ鉱物などを混ぜ合わせ、世界で初めての顔料を人工的に作り出したのです。この色は「エジプシャン・ブルー」と呼ばれ、帝政期のローマにも輸出されましたが、先述した通り10世紀以前に青

エジプシャンブルー
ラピスラズリの代わりとして作られた人類最古の合成顔料のひとつ。

ラピスラズリ
ラピスはラテン語で「石」、ラズリはペルシャ語の「青」が語源。

ラピスラズリ。ラズライト（青金色）を主成分とした鉱物。日本では「瑠璃」と呼ばれる。古代では装飾品や工芸品に使われ、ツタンカーメン（紀元前1350年頃）のマスクなどに施された。

は使用されなくなり、すっかり廃れてしまったのです。

ローマ兵の敵を象徴する色だった

　青が蛮族の色とされたことの要因には、敵であるケルト人やゲルマン人が宗教儀式の時にタイセイで肌を彩色する風習と、戦いの折りに相手に恐怖心を与えるために青で身体を染める習慣も関係しています。

　紀元前1世紀のローマの政治家で軍人だったJ.シーザー（ラテン語ではカエサル）によれば、ローマ兵の目には、青く染まった彼らはまるで悪鬼のように見えたといいます。そしてそ

の彼らの瞳の色もまた青色でした。そのため青は敵対する民族のシンボルとなり、野蛮で醜悪な色であるとみなされたのです。

実はこの頃、中近東ではタイセイよりも染色成分が強力なインディゴ（インド藍から得られる染料）の染色がすでに行われており、それらはローマにも伝わっていました。しかし青に対するイメージが悪すぎたため、多用されることはありませんでした。

また古代ギリシャ、ローマでは、虹の色の中に青という色は存在していま

せん。それだけでなく、人名、地名などをはじめ、青色を語源とする単語や言葉すら皆無でした。

人気急上昇、青の台頭と席捲

状況が変化したのは12世紀に入ってからです。ヨーロッパではステンドグラスが作られはじめ、青がしばしば使われるようになります。

また青の顔料であるラピスラズリによる染色は、不純物を取り除く技術が発達したことでより細やかになり、素晴らしい発色を可能にしました。アフ

藍染めの染料「藍」

藍とは藍の色素を持つ植物の総称。世界中に分布しており、その種類は100種類以上ある。藍の葉を乾燥・発酵させて染料液を作り、布を浸しては絞るという工程を繰り返す。この工程を繰り返すごとに濃い色に染まっていく。

日本の藍染めでよく使われるのはタデ科のタデ藍（蓼藍）／左。西洋の藍染めで使われるのはアブラナ科のタイセイ（大青）／上。ほかにインドを原産地とするマメ科のインド藍などがある。

ガニスタンで採取され、西洋にもたらされたこの青は、「ウルトラマリン（海を越えて来た青）」と名付けられます。

まばゆいばかりに美しいこの青の顔料は、当時の人々の心をとらえるようになります。そして、その希少性から青の価値は金を凌ぐほどとなり、芸術家に重宝されました。

青は聖堂のステンドグラスにおいては「神の光」を意味する色、聖母マリアを象徴する色とされ、絵画でもマリアのまとうマント（外套）にラピスラ

ロイヤルブルー
イギリス王室の公式カラーとして使用されている。

ズリが使われるようになります。これらのことから、ウルトラマリンは「マドンナ・ブルー」と呼ばれるようになりました。そこから青は王侯貴族に求められ、ついには忠実、信頼、知恵、高貴を象徴する色となり、「ロイヤルパープル」に匹敵する「ロイヤルブルー」という地位を築き上げたのです。

日本における青の文化と歴史

古代の日本では色を表す言葉が少なく、『古事記』に出てくる色は「明＝アカ（赤）」、「暗＝クロ（黒）」、「顕＝シロ（白）」「漠＝アオ（青）」という、4色しかありませんでした。青ははっきりとした色を示す白に対立する色として位置づけられ、黒と白の間の漠然とした色、または陰りを帯びた彩度の低い色として考えられてきました。

その後、青は他の東洋圏の国々と同じく、日本でも「緑」と区別されないひとつのカテゴリーとして、広範囲に用いられてきた歴史があります。漢字の「青」はもともと「靑」と表記されたのが始まりで、草木の芽生えの「生」と、井戸に青い清水が溜まった「丼」が合わさったものといわれています。

藍は奈良時代に伝わったとされ、日本では純粋な青という色としては「藍色」のほうが通用しました。室町時代には藍

の薬効が広く知られ、貴重な民間薬として使用されるようになります。江戸時代以降になると、作業着から高級衣装まで、あらゆるものに藍染めが使われ、生活雑貨へも広がりをみせました。

幕府による贅沢な服装を禁じた「奢侈禁止令」が出された後も、藍染めは禁止されなかったため、日本の代表的な色として根付き、「藍」や「縹」が青系統の色を表す総称として定着するようになったのです。

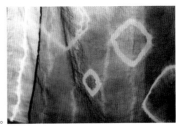

藍で染めた布。

地理条件による
色の見え方や好みの違い

緯度や気候、湿度など地理的条件がその地域の色の見え方や好みに影響を与えます。

太陽光と緯度の関係

これまで見てきたように、色のイメージは、歴史や宗教、文化的背景、ひいてはその染料や顔料の特性によって大きく影響を受けることが理解できたかと思います。

他にも色は地理的条件によって見え方が異なり、その地域の人々の色への感受性や好み、文化にもその影響が及ぶこともあります。

そのひとつが緯度です。

私たちは日頃、自然光では太陽光線の下で色を見ています。図のように、太陽の光は地球に対してほとんど平行に差し込みます。

すると光は地球を取り囲む大気圏という空気の層を通過するわけですが、地球は丸い形状をしているため、赤道直下の地域では大気圏を通過する距離が最も短く、強い光で照らされるため明るくなります。

一方、赤道から離れた緯度が高い地

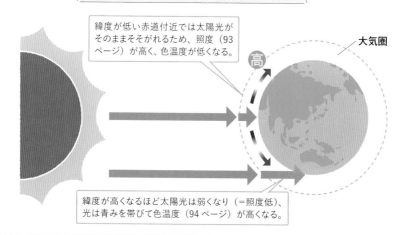

緯度によって太陽の光の色が違う!?

緯度が低い赤道付近では太陽光がそのままそそがれるため、照度（93ページ）が高く、色温度が低くなる。

大気圏

高

緯度が高くなるほど太陽光は弱くなり（＝照度低）、光は青みを帯びて色温度（94ページ）が高くなる。

北海道エリアで引き立ちやすい色みは青みがかった色。左の写真は北海道で撮影したもの。

沖縄エリアで引き立ちやすい色みは鮮やかな純色系。写真は沖縄で撮影したもの。

域では、その通過距離は長くなり、光の当たり方も弱くなります。

　また、この空気の層を通過する時、光は無数の塵や空気内の分子に当たって散乱します。波長の短い光（青）ほど散乱しやすく、通過距離が長くなると波長の短い光が大気中にたくさん散乱されて広がり、それが地表に降りそそぐため、緯度の高い地域では光は青みを帯びます。

　緯度が低い地域では、太陽の光があまり分散されず、本来の白い光が地表に降りそそぐ形になります。

緯度でキレイに見える色が違う!?

　ここで、少し照明の色を考えてみましょう。赤みを帯びた白熱色、青みを帯びた昼光色、自然な光の色に近い昼白色、それぞれの下では、同じ物であっても、色の感じ方が異なって感じられるはずです。こうした物の見え方を左右する光の性質を、「演色性」といいます。日本は北緯20度〜46度の間に位置していますから、いま見てきたように国内でも緯度が違うと太陽光線の色みも違ってきます。

　上の写真を見てください。上の2枚の写真は私が北海道で撮影した写真ですが、うっすらと青みがかった色調であることがわかると思います。加工は一切していません。その下の2枚の写真は沖縄で、光は純粋な白色光に近い状態で地表が照らされる地域です。ここでは純色の赤が一際美しく、トロピカルな色が引き立って感じられます。

　つまり、緯度が高い地域では太陽光

写真は静岡県で撮影。晴れの多い地域で引き立ちやすい色みは清色系。

写真は京都で撮影。曇りがちな地域で引き立ちやすい色みはグレイッシュな中間色。

が青みを帯びているため、短波長領域の青系や青紫系の色が美しく見え、緯度の低い地域では太陽光はそのままの色に近く、そうしたところで見る色は非常にクリアであり、赤などの長波長域の色が映えて見えるのです。

■ 気候が色の好みに与える影響

また、人は見慣れた色に順応して、その色への感受性が高まることから、住んでいる地域によって色の好みも変わる傾向があります。

日本をはじめ、世界では年間を通して晴れが多い地域、曇りがちな地域、雨や雪が多い地域など、さまざまな気候条件があります。それによって湿度も違い、これらの条件によっても色の好みやイメージは左右されます。

日本でいえば、太平洋側なのか日本海側なのかによっても気候は大きく違ってきます。太平洋側は年間を通して晴れが多く、日本海側は雨や雪が多く曇りがちな日が多いことはよく知られていますが、この条件によっても色の見え方は異なるのです。

晴れの多い太平洋側に住んでいる人は、日常的に明るい環境下にあり、季節にもよりますが、比較的湿度の少ない状態で物を見ています。明るい場所では明るい色に対する感受性が高くなります。そして湿度の低いところでは物がはっきり見えやすいため、明るく濁りの少ないクリアな色が好まれます。

日本海側では、直接的な明るい日差しよりも柔らかく弱い光、湿度は高めの傾向にあります。そうしたところでは落ち着いた明るさに好感を抱きやすくなり、湿度が高いと鮮明な色は調和

しにくく不鮮明に見えるため、グレイッシュな色が好まれやすくなります。

配色の好みには照度が関係する

緯度、気候、湿度がどのように色の好みに影響を与えるのかについて説明しましたが、光の強さ、明るさ（照度）も色の好みに関わりを持ちます。

特に色の組み合わせは、照度と関係しています。下の写真を見てください。上の写真はミクロネシアのパラオで、その下は京都で撮影したものですが、光の強さがまったく異なることがわかります。これは特に陰影の見え方に影響を与えます。

日照量が多い、または太陽光が強いところでは、まず色が鮮やかに見えるほか、影がくっきりと見えて、明るさのコントラストが大きくなります。反対に太陽光が弱いところでは、色ははっきりと見えにくく、光と影の差は曖昧になります。つまり、照度が高い地域では色鮮やかでハイコントラストな配色が、照度が低い地域では淡い色またはグレイッシュな色で微妙な陰影を持つ配色が好まれやすくなるということです。

日本で枯淡なニュアンスの配色が好まれやすい傾向にあるのも、そうした光の強さが関係しているのです。

写真はパラオで撮影したもの。右の写真下は日照量が多い地域で好まれやすい配色例。強くはっきりしたコントラストの組み合わせが多い。

写真は京都で撮影したもの。写真下は日照量が少ない地域で好まれやすい配色例。繊細な色の組み合わせが粋に感じられる。

日本の地域と色の好み①
北海道、東北地方

太陽光が青みを帯びる北海道や東北では、青や青緑、緑が好まれる傾向があります。

北海道の好みの傾向

　ここまでさまざまな地理的条件、気象条件と色の好みの関わりについて考察しましたが、では実際に日本の地域では具体的にどのような色が好まれているのでしょうか。色彩学の研究者で『風土色と嗜好色』や『日本列島・好まれる色 嫌われる色』の著者、佐藤邦夫氏の説に基づいて、色の好みとと

もに、その地域の風土の色と文化を掘り下げていきたいと思います。

　日本で最も広い面積を持つ北海道は緯度が高いため、自然光の色温度（単位はケルビン［K］、0 K = -273℃。下の図を参照）は 6600 〜 7000 ケルビン程度となり、全般的には青紫、青に対する嗜好が高い地域になります。

　青みを帯びた光の下では、黄色みが

>> **色温度とは？** <<

「色温度」とは、光源が発する光の色を数値で表したもの。実際の光源の温度や明るさとは関係ない。

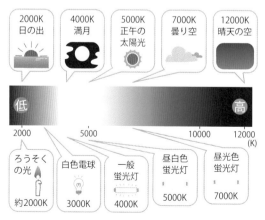

自然光の色温度と色の好みの関係

6200 〜 7000K	⇒	青
5800 〜 6200K	⇒	青緑
5500 〜 5800K	⇒	緑
5300 〜 5500K	⇒	黄緑
5200 〜 5300K	⇒	黄
4900 〜 5200K	⇒	赤
4000 〜 4900K	⇒	赤〜黄

色温度の図：
2000K 日の出／4000K 満月／5000K 正午の太陽光／7000K 曇り空／12000K 晴天の空
低　高
2000　5000　10000　12000（K）
ろうそくの光 約2000K／白色電球 3000K／一般蛍光灯 4000K／昼白色蛍光灯 5000K／昼光色蛍光灯 7000K

地元でも愛される北海道のお土産の定番、「白い恋人」。包装紙の色は深みのある紺色が基調となっている。

かった色は色褪せたように見えるため、黄色や朱色などは景観的にも調和しにくい色になります。実際に北海道に行ってみると、神社の鳥居は赤い色よりも白や茶色、グレーが目立ちます。北海道神宮の鳥居も茶色です。

日本海、オホーツク海、太平洋の3つの海に囲まれている北海道は、各エリアによって気候に違いがあり、それが各地域の色の好みにも影響を与えています。

基本的に道北の稚内、旭川、道東の根室、釧路などといった地域は照度が低いので、好まれやすい色は暗い色調の青や青紫になります。具体的には藍色、紺、無彩色ではチャコールグレー、黒で、ダークブラウンも含まれます。赤なら朱色系の色よりも青みがかったローズレッドが好まれるとされています。北海道の先住民であるアイヌ民族の衣装や工芸品にもこれらの色は多くみられます。

西側の十勝地方、札幌、小樽、函館エリアは湿度が低く、クリアで澄んだ明るい青から暗い青、その他にはパステルカラーが好まれる傾向がみられます。

▨ 東北（太平洋側）の好みの傾向

東北に降りそそぐ光の色温度はおよそ5600〜6300ケルビンで、青〜青緑〜緑にかけての色相が好まれやすいエリアです。

東北の太平洋側の地域は、青森の下北半島、八戸市、十和田エリア、岩手県、宮城県、福島県の中通りや浜通り周辺です。年間を通して沿岸地域と平野部を中心に乾いた晴天であることが多く、明るく澄んだブルー、スカイブルー、ターコイズ、翡翠色、ミントグリーンなどの色が好まれます。

青森県の太平洋側、八戸市エリアを走る「青い森鉄道」の車両の色は、森・海・空の美しさをつなぎ守るというコンセプトがあり、イメージカラーである爽やかなスカイブルーは地元の人々にも人気を集めています。

他にもJR東日本が「東北地域本社色（東北色）」と定めた緑色のアクセントカラーを特徴とした車両があります。もともとは仙台地区〜福島県を運

青森県を走る青い森鉄道の車両。

福島県から新潟県にかけて走る JR 只見線の車両。

行していましたが、現在では福島県〜新潟県をつなぐ只見線の車両色として使用されています。また前述の佐藤氏が仙台市で行った色彩嗜好調査でも、「緑色」を使った配色が嗜好率の1位という結果となり、仙台では常時、緑が売れるという報告もあります。

東北（日本海側）の好みの傾向

日本海側の東北地方は、日照時間が太平洋側より少なく、光の色温度はおよそ6000ケルビンです。この地域に該当するのは青森県の津軽半島、弘前市、秋田県、福島県の会津地方、新潟の糸魚川にかけてのエリアです。日差しが弱く照度が低いことから、グレー、またはグレー系の穏やかな色、色相としては青〜ターコイズグリーン系に対する嗜好がみられるとされています。

代表的な色としては「ミディアム・グレー」、「グレイッシュ・ブルー」、「グレイッシュ・ターコイズ」などの、グレーを基調とした微細なニュアンスカラーになります。

たとえば山形の新庄市では、「出羽の雪のかげりの色」としてたとえられる、趣のある深い青色の「東山焼」が有名です。

また、この周辺の太陽光線の下では微妙な色合い、配色に対する感度が高まることから、自然の素材が持つ色合いへの嗜好が高まると考察されています。それは、秋田の曲げわっぱや竹細工をはじめ、自然の木肌や木目のニュアンスを活かした工芸品などの数多くの特産品にみられます。

東山焼の作品。澄んだ青みの「なまこ釉」が特徴的。

日本の地域と色の好み②
関東、北陸、中部地方

関東では落ち着いた緑や青、中部では黄色や金色への嗜好がみられることが特徴です。

関東甲信の好みの傾向

このエリアに含まれるのは、関東1都6県と山梨県、長野県東部、静岡県が加わった地域です。自然光の色温度は年間平均5300ケルビンであることから、基本的には黄緑、緑に対する嗜好が高くなります。北と西側の山岳地帯から東と南にかけて低地となる地理的条件と、太平洋側から照射される短波長の光も加わり、青に対する嗜好も強くみられると考察されています。

そのため照度が極端に強くない関東エリアでは、緑から青緑、青にかけた穏やかで落ち着きのある色調、具体的には「紺」、「ネイビー」、「サックス・ブルー」「緑青」「緑」「若葉色」を好む傾向がみられるとされています。

江戸時代には贅沢を禁止する奢侈禁止令（しれい）が発令され、その影響で徳川幕府のお膝元となる江戸の町では「四十八（しじゅうはっ）

江戸時代の四十八茶百鼠と藍染めによる青

さまざまな茶色						
江戸茶	金茶	鶯茶（うぐいすちゃ）	海老茶	路考茶（ろこうちゃ）	団十郎茶	利休茶

さまざまな鼠色						
深川鼠（ふかがわねずみ）	藍鼠（あいねず）	銀鼠（ぎんねず）	梅鼠（うめねず）	濃鼠（こいねず）	薄鼠（うすねず）	利休鼠（りきゅうねずみ）

さまざまな藍色						
藍	薄藍（うすあい）	濃藍（こいあい）	縹色（はなだいろ）	浅葱色（あさぎいろ）	水浅葱（みずあさぎ）	納戸色（なんどいろ）

歌川広重「名所江戸百景 神田紺屋町」（国立
国会図書館「錦絵でたのしむ江戸の名所」より）
／現東京都千代田区の風景。「紺屋」とは江戸
時代に数多く存在した藍染めの染め物屋のこと。

茶百鼠」という茶色やグレーのバリ
エーションのほか、藍染めによる青系
統の色が江戸町人の間で「粋な色」と
して大流行となり、上方の赤を「野暮」
と揶揄した歴史もあります。

中部北陸の好みの傾向

　このエリアは、愛知県、岐阜県、富
山県、石川県、福井県の５県で、お
よそ 4900 ～ 5200 ケルビン程度、黄
色～黄赤への感受性が高くなる傾向が
あります。夏は比較的日照時間が長い
ため、地域的には黄色系の色が映えや
すく、黄色とともに金色への嗜好、愛
着が最も強くみられると分析されてい
ます。

　それを反映して、このエリアでは、
街を歩けば金色の看板や装飾が多くみ
られます。たとえば、名古屋城の「金
のしゃちほこ」、伝統工芸品としては
金箔で有名な「金沢箔」、蒔絵や金銀
などを押し込む沈金の手法を用いた
「輪島塗」などが有名です。

　また、この地域で作られる仏壇は他
の地方に比べると、金箔がふんだんに
施されたデザインが目立ちます。そし
て石川県の色絵磁器の九谷焼には、輝
くような黄色がよく使われています。

　加えて北陸においては冬になると日
照時間が少なくなることから、寒い時
期には暗くグレイッシュな寒色系を好
みやすくなる傾向があることも指摘さ
れています。

名古屋城の金鯱（雄）。
写真提供：名古屋城総合事務所

日本の地域と色の好み③
近畿、中国、四国地方

関西から四国は一般的に、赤やオレンジ、黄色を中心とした暖色系が好まれます。

近畿の好みの傾向

大阪、兵庫、京都、奈良、滋賀、三重、和歌山を含む近畿地方の自然光の平均色温度は、北部から南部にかけて4800〜5200ケルビン。夏期は赤外光を多く含んだ高い照度の光が照射され、日照時間は長時間となります。

このエリアで好まれるのは澄んだ黄色〜黄赤の色調で、ワインレッド、朱赤、サーモンピンク、鬱金色、萌黄色、地域によってはレンガ色、茶色、赤銅色などのアースカラーも好まれるとされてます。また奈良市より北の地域と京都市では、季節による湿度の変化が日本海型となるので、上記の色にさらにグレイッシュな中間色が加わると推察されています。

この傾向を反映したものとして、関西では「阪急電車」として親しまれる、独特な濃い赤茶色のマルーンカラーの車体が大人気で、ファンの心を鷲づかみにしています。

ファッションでは、きらびやかな暖色系の色が好まれやすい特徴があります。関西は絢爛豪華な様式美で有名な「安土桃山文化」の中心地であり、あでやかな色と柄、配色の好みは現在でも一般の人々に受け継がれています。華やかな色柄で織り上げられる「西陣織」、多彩で豪華な「友禅」も京都が起源であり、関西の色彩文化を象徴しています。また京都では赤みを帯びた色が好まれる傾向があり、「京紫」と呼ばれる色も赤みがかった紫です。

中国地方（山陰）の傾向

中国地方は山陰地方と山陽地方では地理条件が異なり、地域によっては気候も大きく変わります。

大阪を中心に神戸・宝塚・京都を走る阪急電車の車両。　写真提供：阪急電鉄

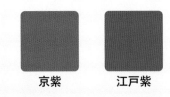

| 京紫 | 江戸紫 |

京紫も江戸紫もその色名は江戸時代に生まれた。京紫と江戸紫の違いについては諸説あるが、関西と関東の色の好みの違いによるものという説がある。

日本海側気候の鳥取県、島根県、山口県北部を指す山陰地方の自然光は5200〜5400ケルビンで、主に黄緑に対する感受性が形成されやすい地域となります。午後は低い色温度の光が照射するため、黄色〜黄赤系の色に対する色の好みもみられます。

年間を通して湿度が高く、冬は雨や雪が多く日照が少ないことから、グレイッシュで陰りのある暖色系の色に対する感受性が高いと考えられます。そのため地域の基調色はベージュ系、ブラウン系でグレイッシュな色調のベージュ、キャメル、ブラウン、カーキ、オリーブが好まれやすい傾向にあるとされています。

それは、素朴で味わい深い暖色を色調とする島根県の出雲和紙、柔らかな風合いの色が特徴的な萩焼などの伝統工芸品にみられます。

▨ 中国地方（山陽）の傾向

山陽地方といわれる岡山、広島の2県と、山口県の南部は瀬戸内海式気候で、1年を通して温暖で降水量は少ないという特徴があります。このエリアでは黄〜黄赤の澄んだ色が好まれやすいとされ、特に「冴えた黄色」は山陽地方を象徴する色にもなっています。

たとえば、現在、岡山・広島地区を走る山陽本線の塗装色の主流である濃黄色がそれにあたり、瀬戸内地方の豊かな海に反射する陽光のイメージをコンセプトとしています。また山口県の

山口県萩市を中心とした地域で作られる萩焼。柔らかで素朴な色みが特徴的。

山口県の国道でみられる黄色いガードレール。

県道と県が管理する国道のガードレールには、他県にみることのできない、特産の夏みかんにちなむ黄色が採用されています。

例外として、この地域で比較的日照時間が少ない山口県下関では、グレー系を好む人が多い傾向にあることが明らかにされています。

▓ 四国の好みの傾向

四国は日照時間が長く、明るく強い光が降りそそぐ温暖な気候を特徴とする地域であり、自然光の平均色温度はおよそ 4800 〜 5200 ケルビンです。そのため黄色から黄赤が映えやすく、これらの色に対する嗜好が生まれやすいエリアとなります。

四国といえば、みかん、すだち、ゆずなどの柑橘類が有名ですが、自然光

の影響も相まって、相対的にオレンジ色への嗜好が強い傾向がみられます。

それはさまざまなところに表れていて、たとえば愛媛県を走る伊予鉄道は 2015 年から、電車、バスの車体の色はオレンジ色で統一されています。2014 年から運行が開始された四国初の観光列車、「伊予灘ものがたり」の車体も、茜色、オレンジ、黄金色のグラデーションカラーで塗装されています。

他にも香川県の伝統工芸品である香川漆器の後藤塗は朱の漆を使い、渋い朱色から鮮やかな朱色が特徴的であり、存清と呼ばれる装飾技法で作られた漆器にもオレンジや朱赤が多くみられます。また、徳島県や高知県特産の和紙の色には、明るくカラフルな暖色系の色がおおいに目立ちます。

愛媛県を走る伊予鉄道の電車。
写真提供：伊予鉄道

四国を走る伊予灘ものがたり。
写真提供：JR 四国

日本の地域と色の好み④
九州地方、沖縄

太陽の日差しが強い九州、沖縄では赤への嗜好が強く、また鮮やかな色が好まれます。

九州の好みの傾向

九州地方は太陽の強く明るい日差しを受ける位置にあります。日照時間、光の平均色温度は四国とほぼ同様ですが、緯度がさらに低くなり、黄色〜黄赤に加えて赤の色相が好まれやすい地域となります。基調色は、明るく淡い暖色系、濃い暖色系、鮮やかな暖色系、茶系のアースカラーとなります。

鹿児島県の工芸品、薩摩切子。

佐賀県の伊万里焼・色鍋島。色絵桜樹文皿／佐賀県立九州陶磁文化館蔵

特に好まれる色としては「サーモン・ピンク」、「朱赤」、「オレンジ」、「黄色」、「ワインレッド」、無彩色・ベーシックカラーでは「白」、「黒」、「アイボリー」、「茶色」が挙げられます。またこの地域になると、青では北海道のような青紫に近い青ではなく、南国の青空のような「冴えたスカイブルー」も好まれます。

こうした嗜好色を反映した地域の工芸品としては、鹿児島県の華やかな赤や青をはじめとするカラフルな薩摩切子、佐賀県の有田焼にみられる白磁との調和が美しい「柿右衛門の朱赤」（柿右衛門の朱赤については14ページ参照）、伊万里焼にみられる色鍋島などの華麗な赤などが代表的です。

沖縄の好みの傾向

日本で最も緯度が低い沖縄は、亜熱帯気候に分類される、日本で最も純粋で強烈な太陽光が照りつけるエリアです。自然光の平均色温度は4500〜4000ケルビンほどとなり、赤への感

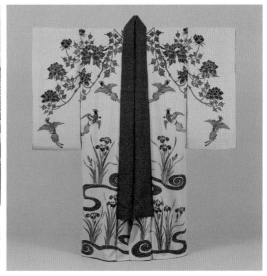

上／沖縄の民家にみられる赤瓦。
右／黄色地牡丹尾長鳥流水菖蒲文様紅型
縮緬袷衣裳。黄色地に牡丹や尾長鶏など
が描かれている少年用の紅型衣裳。那覇
市歴史博物館蔵

受性が最も育まれる地域となります。年間を通して多湿な気候ではありますが、強い光に照らされているため、湿度の影響はほとんどなく、物の色合いはくっきりとして見えます。

　赤以外にも、冴え渡る青い空、エメラルド色に輝く海など青の表情も多彩です。他にも鮮やかな黄色やオレンジ、ピンク、緑を含めたトロピカルな色が本州や四国、九州に比べて、一段と冴えて見える条件がそろっています。

　そのため、「冴えたカーマインレッド」、「コーラル・レッド」、「ワインレッド」、「ビビッドイエロー」、「ビビッドグリーン」、「ビビッドスカイ・ブルー」が好まれ、無彩色やベーシックカラーでは「白」、「黒」、「藍色」など、鮮やかな色を引き立てる色に好感を持つ傾向があるとされています。光と影

のコントラストが強いため、くすんだ色よりもビビッドな色、微妙な濃淡よりもはっきりした配色が好まれます。

　これらを反映するものとしては、まず沖縄の民家に多くみられる「赤瓦」が挙げられます。赤瓦の赤はこの地域の光と調和する色で、沖縄の景観の基調を成しています。

　また、沖縄の民族衣装の紅型には鮮やかな赤や黄色がふんだんに取り入れられ、夏の正装として着用される、かりゆしウェアも沖縄の気候風土が色濃く反映された配色です。他にも沖縄の伝統工芸品の琉球漆器は鮮やかな漆の赤、壺屋焼にも鮮やかな赤が多くみられます。再生ガラスを使って作られる「沖縄ガラス」も、やはり沖縄の南国風のカラフルな色合いのものが豊富です。

好かれる色、嫌われる色は世界共通?

文化や地理的条件の違いにかかわらず、世界的に最も好かれる色は青です。

好かれる色・嫌われる色の傾向

ここまで文化の背景や地理的条件によって色の使われ方やイメージが変わることを説明してきましたが、現在、一般的にはどのような色が好まれるのでしょうか。

市場調査とデータ分析を専門とするイギリスの YouGov という会社が世界10か国に住む人々を対象に 2015 年に行った嗜好色の調査では、いずれの国でも圧倒的に青が好まれる色であることが判明しています。2番目に好まれる色は緑か赤である国が多く、紫色に対する嗜好は国によってかなりの違いがあります。また、下位に多くみられる色はタイを除いてオレンジと茶色です。

下の表は、日本リサーチセンターによる 11,863 名を対象とした 2019 年の好きな色の調査結果です。これを見ると、日本人の色の好みは世界的な色の好みとほぼ同様であることがわかります。

IT、テクノロジーを象徴する青

最も好まれている青は、世界共通、

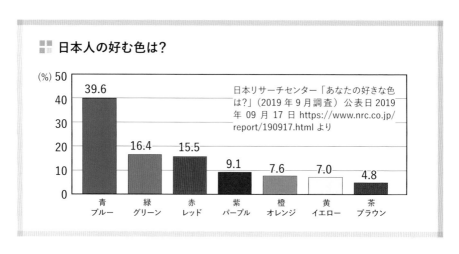

■ 日本人の好む色は?

(%)

日本リサーチセンター「あなたの好きな色は?」(2019 年 9 月調査)公表日 2019 年 09 月 17 日 https://www.nrc.co.jp/report/190917.html より

青 ブルー	緑 グリーン	赤 レッド	紫 パープル	橙 オレンジ	黄 イエロー	茶 ブラウン
39.6	16.4	15.5	9.1	7.6	7.0	4.8

青は創造性、未来、テクノロジーといったイメージと結びつく。これに対してオレンジや茶色は懐古的で懐かしく親しみやすいイメージと結びつく。

澄んだ水の色であり、晴れた空を連想させます。また、多くの人々にとって穏やかさや安全、誠実、信頼と関連する色だと認識されています。

　青が世界で最も好まれる傾向にあることがわかったのは、ロンドン大学ユニバーシティカレッジ心理学研究所のH.J. アイゼンクによる100か国、3万人を対象とした1941年の研究調査です。

　青はFacebookやTwitterのロゴの色としてもみられるように、ユーザーに信頼感を伝えます。知性や創造性のイメージと結びついている青は、現代においてはテクノロジー、イノベーションを象徴する色と考えられ、インターネット上では黄色と赤の2倍、緑の3倍近くも使用されています。ITが主流となった今の社会で、青は当然好まれやすいのです。

好まれにくい茶色とオレンジ

　ほぼワースト1である茶色は、青とは正反対の色です。茶色はアースカラーで良いイメージに結びつく場合もありますが、単体の色としては地味、退屈、変化のない、古いという言葉と関連性が高い色です。また、青の持つ爽やかな清潔感とは反対で、汚れやしみを連想させる色でもあります。

　また、オレンジは茶色とほぼ同じ色相になり、青とは正反対の補色関係になります。青がITを象徴し、近未来的な雰囲気を感じさせる色であるのに対して、オレンジはノスタルジック（懐古）的な印象を与えます。親しみやすい反面、信頼性に欠け安っぽいイメージになりやすいことも、不人気の理由のひとつと考えられます。

　オレンジと同様に、黄色も好まれない色として挙げられます。重量感がないことから、幼稚、子どもっぽい、軽薄、そして「黄ばみ」という言葉があるように、やはり古さや清潔感に欠けるイメージが大きいようです。

あなたは何色が好き？
年代や性別で異なる色の好み

好まれにくい黄色が乳幼児には好まれるなど、色の好みは年代・性別で異なります。

小学生や大学生の色の好み

色は年齢や性別によっても好みが変わります。

学研教育総合研究所が2018年9月に小学生を対象に実施した「好きな色」の調査では、1位「青」（41.8%）、2位「水色」（29.1%）、3位「ピンク」（24.2%）、4位「赤」（16.9%）、5位「紫」（15.2%）が好まれることが明らかになっています。

嫌いな色の1位は「ピンク」（19.2%）、2位「灰色」（12.3%）、3位「茶色」（11.8%）、4位「黒」（10.2%）、5位「紫」（4.1%）で、ピンクと紫が好きな色、嫌いな色どちらにも上位にランクインする色であることも判明しています。特にピンクについては、高学年の男子が嫌う傾向にあることもわかっています。

就学前の幼児が好きな色の1位はピンク（49.1%）で、女児が好む割合が84%と高いことから、ピンクは年齢と性別によって嗜好が大きく異なる色であると考えられます。

大学生については、日本色彩学会誌に掲載された一般財団法人日本色彩研究所の名取和幸氏と立命館大学の破田野智美氏らが発表した2019年の論文「色の好みとパーソナリティとの関係」に、11年間継続して延べ2,026名（男性931名、女性1,095名）の大学生に行った調査結果があります。

これによれば、男性に好まれる色は順番として、黒（27.2%）、白（22.6%）、浅いトーンの青緑（18.6%）、青（18.6%）、冴えた赤（18.4%）、同順位で緑（18.4%）・青（16.2%）であったことがわかっています。女性の順位は、薄い赤紫（24.4%）、浅いトーンの青緑（23.6%）、冴えた黄（14.8%）、赤紫（14.5%）、紫（11.3%）、青緑（10.8%）、青（10.7%）となっています。

この調査では男女共通に浅いトーンの青緑が特に好まれ、青への好感もみられます。紫系の色は女性が好む割合が著しく高く、白や黒の無彩色は男性が圧倒的に好む傾向が認められます。

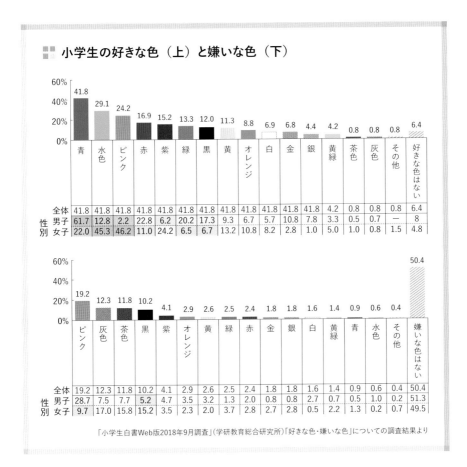

小学生の好きな色（上）と嫌いな色（下）

	青	水色	ピンク	赤	紫	緑	黒	黄	オレンジ	白	金	銀	黄緑	茶色	灰色	その他	好きな色はない
全体	41.8	41.8	41.8	41.8	41.8	41.8	41.8	41.8	41.8	41.8	41.8	41.8	4.2	0.8	0.8	0.8	6.4
性別 男子	61.7	12.8	2.2	22.8	6.2	20.2	17.3	9.3	6.7	5.7	10.8	7.8	3.3	0.5	0.7	―	8
性別 女子	22.0	45.3	46.2	11.0	24.2	6.5	6.7	13.2	10.8	8.2	2.8	1.0	5.0	1.0	0.8	1.5	4.8

	ピンク	灰色	茶色	黒	紫	オレンジ	黄	緑	赤	金	銀	白	黄緑	青	水色	その他	嫌いな色はない
全体	19.2	12.3	11.8	10.2	4.1	2.9	2.6	2.5	2.4	1.8	1.8	1.6	1.4	0.9	0.6	0.4	50.4
性別 男子	28.7	7.5	7.7	5.2	4.7	3.5	3.2	1.3	2.0	0.8	0.8	2.7	0.7	0.5	1.0	0.2	51.3
性別 女子	9.7	17.0	15.8	15.2	3.5	2.3	2.0	3.7	2.8	2.7	2.8	0.5	2.2	1.3	0.2	0.7	49.5

「小学生白書Web版2018年9月調査」（学研教育総合研究所）「好きな色・嫌いな色」についての調査結果より

大人と乳幼児は正反対？

　また、イギリスのサリー大学とアメリカのカリフォルニア大学が2013年に発表した、「乳幼児と大人の色の好み」の調査研究では、大人は一般的に青を最も好み、緑がかった黄色や濃い黄色は嫌悪され、乳幼児は青よりも黄色を好む傾向にあると述べています。

　一方、大人を対象とした調査では、ドイツのグーテンベルク大学人類学研究所生物学部が2001年に実施した19歳〜90歳842人を対象としたものがあります。この調査結果によると、年齢、性別に関係なく、最も好ましい色として青を選択し、最も好ましくない色として黄色が選択されています。

　これらの調査から、乳幼児は明るさに敏感で、黄色に対しての感受性が高く、色の中ではよく見える明るい黄色を好むことがわかります。この黄色に対する嗜好は年齢とともに低下するといえます。

年代別でみる好きな色

男性				
29才以下	青 47.8	赤 17.7	緑 12.9	
30代	青 46.6	赤 17.6	緑 15.2	
40代	青 46.8	赤 18.5	緑 14.3	
50代	青 41.7	緑 18.6	赤 16.8	
60代以上	青 45.6	緑 23.2	赤 9.8	

女性				
29才以下	青 31.0	赤 21.5	紫 14.3	
30代	青 27.9	赤 19.7	緑 12.1 / 紫 12.1	
40代	青 34.8	赤 15.7	緑 14.1	
50代	青 33.7	赤 15.6	緑 14.3	
60代以上	青 33.0	緑 14.7	赤 13.4	

日本リサーチセンター「あなたの好きな色は?」(2019年9月調査)公表日2019年09月17日
https://www.nrc.co.jp/report/190917.html より

シニア層が好む色

もう少し上の年代についての調査もみてみましょう。

公益社団法人色彩検定協会が 2017 年に 60 代以上の男女 1,000 人を対象に WEB 上で行った「色と高齢者に関する実態調査」の「恰好いいと思う色」では、男女ともに「青」(29.1％) がトップで、次に「赤」(26.9％) が選ばれています。

興味深いのは「シルバー」についての世代格差です。同調査では、60 歳以上の「地味と思う色」の 1 位は「灰色」(45.9％)、次いで「茶色」(29.1％)、「シルバー」(18.1％) という順ですが、30 代ではシルバーを地味と感じる割合はかなり低く 4.0％となっています。さらにシルバーを「恰好いい」と感じる割合は 30 代では 22.5％と高い一方、シニア世代においては 9.8％と低いことも明らかになっています。

色彩検定協会の調査は「恰好いいと思う色」に対しての回答でしたが、前項で紹介した日本リサーチセンターが行った「好きな色」に対する調査では、60 代以上では前述のドイツのグーテンベルク大学の研究と同様、「黄色」を好む割合が共通して低く、青が最も好まれる色として選ばれていることが判明しています。

大人が敬遠しがちな黄色ですが、この色は幸福でポジティブな気分と関連していることも研究では明らかになっており、単体の色の好みと、色の持つ意味・イメージは決してイコールではないことを理解してほしいと思います。色は状況、対象、環境などに左右されるものであり、決して一元的に語ることはできないのです。

色のイメージと
心理的効果

赤のイメージと赤がもたらす心理的効果

赤は強い生命力やエネルギー、情熱などと結びつき、戦いで優位な色とされています。

■ 赤のイメージ

　本章では、色が私たちの心身にどのような影響を及ぼしているのかを、色彩心理の視点から説明します。前半では各色のイメージや心理的効果について掘り下げます。まず赤からみていきましょう。

　赤は血液、太陽、炎など、生命活動に欠かすことのできないものとの結びつきが強く、生命力と強烈なエネルギー、活動性を象徴する色です。刺激が強く、色の中では「熱さ」と最も関連し、血液の色であることからも、情熱、怒り、興奮などの感情の高ぶりを表し、激しい感情の代名詞となることもあります。

　パワフルで強く、血気盛んで攻撃的なイメージを持つため、旗、軍服、古くは鎧、身体装飾などに用いられ、世界各国共通して、戦闘や戦い、革命の色として考えられています。

　赤は古代より魔除けとしての役割を持ち、悪霊や病気除けなどの力があると信じられ、呪術や祭礼に最も多く使われてきました。たとえば魔除けは神社の鳥居、還暦の赤いちゃんちゃんこ、だるま、病気除けは赤べこ、お守り（肌守り）、祭礼は身体装飾、紅白幕などの赤がそれにあたります。

　赤はインパクトがあり目立ちやすく、私たちが最も素早く反応する色でもあります。たとえば赤い血を見たら「戦う」か「逃げる」かの選択が必要であったことなどから、「危険」を意味するメッセージにもなっています。

　また「赤っ恥」、「赤の他人」、「赤裸々」「赤貧」、「真っ赤になって怒る」という言葉からわかるように、赤は物事が過剰である、または過熱している状態を示します。

　アグレッシブさと活力、勇気を示すこの色は、強いリーダーシップを連想させ、古来から高い地位や権力を表すシンボルとしても使用されています。

　ダイナミックで人目を惹き華やかなため存在感がひときわ強く、アニメの主人公の色として頻繁に活用される色でもあります。色鉛筆やクレヨン、絵

赤

紅色

朱色

臙脂色（えんじ）

カーマイン

ワインレッド

■■ 赤の具体的連想物

火、太陽、血液、鳥居、りん
ご、イチゴ、さくらんぼ、トマ
ト、唐辛子、日の丸、赤信号、
スポーツカー、消防車、消火
器、火事、バラ、ハイビスカス、
サルビア、口紅、赤提灯、金魚、
ポストなど

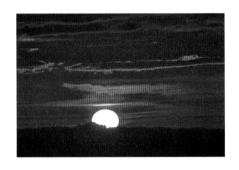

■■ 赤が象徴する物事

愛、情熱、熱い、活力、生命、本能、行動、意欲、集中、勇気、自信、成功、
勝利、前進、パワー、過激、興奮、刺激、覚醒、エネルギー、リーダーシッ
プ、真夏、お祭り、パーティー、慶事、魔除け、還暦、歓迎、重要、強調、
緊急、緊張、危険、禁止、怒り、衝動、攻撃、競争、戦争、革命、犠牲、
社会主義、共産主義、赤字など

の具では最も頻繁に使われるいわば
「色の王様」です。

　赤は時代や国、民族によって意味や
イメージがほとんど異ならず、普遍的
であるのが特徴的です。

赤が用いられているもの

禁止や規制などを知らせる道路標識や目印として赤は多用されている。

車両進入禁止

車両通行止め

一時停止

救急車と震災時の広域応援、火災、事故等の救助活動に対応する救助車。人命救助や火災、事故など緊急事態に対応する緊急車両は赤が使われることが定められている。

写真提供：東京消防庁

赤の社会的役割

赤は同じ位置にある時、青に比べて近くに見えるので、「進出色」と呼ばれています。

遠くからでも目立ち、誘目性が高い色であるため、危険、禁止のサインとして用いられます。交通信号では「止まれ」を意味し、火に関係する消火器、火災報知器の表示、器具などに使用され、日本産業規格（以下 JIS）が規定する安全色（27 ページ）においても、赤は危険標識、安全標識（JIS Z 9101）の色として規定されています。

他には救急車や消防車、パトカーといった人命に関わる緊急車両に設置される回転灯は赤色灯と定められており、ガス会社や電力会社が保有する、ガス漏れや漏電に対応するための車両にも赤色灯は設置されています。

第 2 章でみたように、災害発生時など多数の傷病者が発生する際に使用される「医療トリアージ」のタッグでは、赤は一刻も早く治療が必要な緊急治療群に分類されています（58 ページ）。

赤の心理的効果

暖色系の代表ともいわれる赤は、私たちの身体を活性化して、インテリア

などに用いると体感的に暖かく感じられる色です。

交感神経を優位にして興奮と緊張を生じさせるホルモン、アドレナリンの分泌を促すはたらきがあることから、筋肉の緊張、血圧・血糖値の上昇、脈拍・呼吸数の増加、血行の促進をもたらします。

さらに赤は心拍力と筋力を高めるホルモン、テストステロンの分泌にも関わっており、身につけると、競争心と自信を増大させ、ここぞという場面で力を発揮しやすくなります。イギリスのサンダーライド大学の男性73名を対象とした2013年の研究では、赤を好む人のほうがテストステロンの分泌が多いことが明らかになっています。

また赤は対戦相手に力強い印象と威圧感を与え、心理的に萎縮させやすくします。赤いユニフォームは勝敗を競うスポーツ、格闘技などでは有利にはたらくのです。

イギリスのダラム大学の研究チームが、2004年に開催されたアテネオリンピックの4つの格闘技の結果を分析したところ、457試合で赤いウェアを着用した選手のほうが青いウェアを着用した選手よりも勝率が高いことを明らかにしています。

チーム競技でも60年以上にわたるイギリスのサッカーリーグの試合結果の分析においては、やはり赤いユニフォームのチームの勝率が最も高かったことが確認されています。

赤には実際よりも時間を長く感じさせる作用もあります（184ページ）。

後に詳しく述べますが、赤はストレス発散、特定の仕事や勉強の効率を上げる、食欲を湧かせる、売上アップに貢献するなどの心理効果もあります。

赤は闘いに有利な色？

イギリスのダラム大学の研究では、ボクシング、テコンドー、グレコローマンレスリング、フリースタイルレスリングの4種の競技で赤と青のユニフォームによる勝率を分析。どの競技でも赤の勝率が高く、ほぼ同等の実力を持つ選手同士の戦いでは赤の勝率は62％となっている。

オレンジのイメージと
オレンジがもたらす心理的効果

オレンジはポジティブで穏やかな温もりを感じさせるため親しみやすさを伝える色です。

オレンジのイメージ

オレンジ色は日本で橙色とも呼ばれるように、温暖な土地で採れる果実の名前に由来しています。

赤の強さとエネルギー、黄色の明るさと楽しさ、どちらの性質も持つオレンジはポジティブで陽気、開放的なイメージを伝えます。性質としては熱さよりも穏やかな温もりを感じさせます。

オレンジは多くの動物の肌の色であることからも、暖かく親しみやすく、フレンドリーな印象を与え、活発なコミュニケーションや外向性を表します。

私が行った介護施設スタッフを対象とした色の好みの調査ではオレンジを好む人が最も多く、人と親身に接する職業の人たちからは総じて人気の高い色であることがうかがえます。

朝と夕暮れ時を象徴するオレンジは、昼と夜の移り変わりを表し、活動とくつろぎとも関連しています。

また柑橘類、ビタミンの色素の色であることから、黄色とともに「ビタミンカラー」と呼ばれます。

| 橙色 | 柑子色 | アプリコット |

オレンジの具体的連想物

夕日、朝焼け、焚き火、暖炉、ろうそく、オレンジ、みかん、にんじん、柿、キンモクセイ、ハロウィン、風邪薬、レスキュー隊、東京タワーなど

オレンジが象徴する物事

温もり、明るさ、陽気、活動、活力、目覚め、ポジティブ、幸福、元気、楽しみ、喜び、安心、社会性、コミュニケーション、触れ合い、親しみ、フレンドリー、カジュアル、開放、共有、仲間、家庭、健康、食欲、娯楽、サービスなど

■■ オレンジが用いられているもの

オレンジは警告や注意を示す標識や建設現場の看板などに用いられている。

東京消防庁の消防救助機動部隊（ハイパーレスキュー）。オレンジ色の救助服が制定されたのは1973年。通称「オレンジ部隊」とも呼ばれている。

写真提供：東京消防庁

オレンジの社会的役割

オレンジは赤と同じく目立ちやすく、視認性が高いため、緊急時に多く使われます。JISでは警告、航空・船舶の保安施設を意味する色として規定されています。

その他にはレスキュー隊、救命胴衣、エマージェンシーシート、宇宙飛行士の制服、建設現場、標識の警告、注意が必要な場所などに多く使われています。飛行機に搭載されている事故などに備えた記録装置ブラックボックスも、オレンジ色です。

オレンジは色覚特性（59ページ）を持つ人にとって赤よりも区別や認識がしやすい色として、最近ではユニバーサルデザインにも取り入れられています。

オレンジの心理的効果

親しみやすい印象を与えるオレンジは、人との心理的距離を近づけやすく、寂しさや孤独感を和らげるはたらきがあります。明るく陽気な気分を促し、行動力が高まる色です。

オープンでウェルカムなイメージを伝え、活動的で元気なイメージにみられやすくなります。オレンジの持つ温かみは、周囲に親切な印象と励ましのメッセージを伝えます。

不特定多数の人と接したり、初対面でも親しく付き合うことが必要とされる仕事では、積極的に取り入れるとよい色です。

黄色のイメージと黄色がもたらす心理的効果

黄色は喜びや希望、幸福といったイメージと結びつき、元気で開放的な印象を与えます。

黄色のイメージ

黄色は有彩色の中で最も明るく明快で、太陽の光を象徴する色です。黄金や穀物の実りとも結びつき、光や輝き、食物の色であることから、プラスの意味を持ちやすく、喜び、希望のイメージと関連しています。

それを裏付けるのが、2010年のイギリスのマンチェスター大学による研究です。健康な人105人、不安な人108人、憂うつな人110人を対象に、「好きな色」「最も引き寄せられた色」を調査した結果、健康な人のグループでは黄色が人気であったことが確認されています。

この研究によると黄色は「幸福な気分」と関連していると分析されており、ハートフォードシャー大学の心理学教授であるK.J.パインは、「黄色は幸福の色であり、楽観主義、暖かさ、希望を表している」と述べています。

黄色はオレンジと同様に柑橘類、ビタミンCの色素の色であり、ビタミンカラーを代表する色で、健康的な印象を伝えます。

また明るさを持つため、軽快でスポーティーな印象と躍動感を持ち、「自由」や子どものような「好奇心」を意味します。そして何にもとらわれず、光のように外へと広がっていく状態を体現します。

色の中では聴覚との関連性が高く、「黄色い声」という言葉で表されるように、主に女性や子どもなどの甲高い声をイメージさせます。

黄色の社会的役割

黄色は昼夜問わずどんな条件下でも目立つため、注意を喚起して安全に貢献する色です。遠くからも見えやすく、正確な距離もわかりやすい性質があります。

そうしたことから、信号機や工事現場、ヘルメットやスクールバス、低学年のランドセルカバー、幼稚園児の帽子などにも使われています。

線路や電気信号の状況を検測する「新幹線のお医者さん」と呼ばれる「ド

| 黄色 | 刈安色
（かりやす） | 芥子色 | 向日葵色 | レモンイエロー | クリームイエロー |

黄色の具体的連想物

光、月、星、レモン、グレープフルーツ、バナナ、パイナップル、トウモロコシ、卵の黄身、ビタミンC、ひまわり、たんぽぽ、水仙、菜の花、カナリア、ひよこ、蜂、イエローカード、信号、点字ブロック、標識、踏切など

黄色が象徴する物事

明朗、輝き、真昼、希望、幸福、喜び、豊かさ、楽しさ、元気、軽快、スポーティー、躍動、陽気、解放、自由、冒険、好奇心、無邪気、天真爛漫、快活、活発、広がり、可能性、発展、フットワーク、賑やか、コミュニケーション、社交性、親しみ、カジュアル、愉快、健康的、ビタミン、ユーモア、楽観主義、おおらか、子ども、幼稚、軽薄、気まぐれ、注意、警告、酸っぱいなど

クターイエロー」も、夜の作業時に目立つという理由で黄色が採用されています。

第2章でみたように特に黄色と黒の組み合わせは視認性が非常に高く、最も注意を引く配色で、別名「警告色」

117

黄色が用いられているもの

黄色は道路の屈曲や踏切など道路上で警戒すべきことや危険を知らせる標識に用いられている。

右方背向屈曲あり　　　　　踏切あり　　　　　　横風注意

JR東海の新幹線電気軌道総合試験車「ドクターイエロー」。約10日に1度の周期で、電気設備や軌道設備どの状態を検測している。

写真提供：JR東海

と呼ばれています。この配色はもともと有毒の生物が持つ派手な色彩のことで、自分に害を及ぼす他の生物に対する警告の役目を担っています。

その象徴性が人間の社会生活にまで広く応用されるようになり、今では踏切のほか注意を促す色として広く用いられています。赤の項目で述べた医療トリアージにおいて、黄色は中等症群の「今すぐに治療しなくても生命に影響はないが、放置しておくと生命の危険がある状態」を意味します。またJISの安全色では警告、注意を示します。

黄色の心理的効果

黄色は親しみやすく、見る人の気分を楽しく明るくさせて、陽気で元気な印象を伝える効果があります。

黄色の持つ開放的な雰囲気と親しみやすさは、コミュニケーションを活性化するのに向いており、気さくな印象を与え、積極的なコミュニケーションを促進します。そのため、身につけると初対面の人からも話しかけてもらいやすくなります。

幸福な気分と密接に関連する黄色は肯定的で楽観的な気持ちを促し、プレッシャーを軽くする作用があります。

緊張や不安を解きほぐすだけでなく、注意を引きつけやすい性質を持ち、人前でのスピーチはもちろん、人の注意や注目を集めたい時にも効果的です。

また詳細は後述しますが、黄色には脳の活動や精神活動を活性化させるはたらきがあることが研究でも認められています。

黄色の快活さと軽快さは、好奇心や遊び心を刺激し、感情を解放する効果もあります。

デザインにおいても、黄色は「冒険」や「探究心」に訴えかける力を持っています。気軽なイメージを持つことから、「安さ」と結びつき、ディスカウントストアや広告にも頻繁に利用されています。

さらに陽光の色であるため、明るい日当たりを連想させ、空間の暗さを最も軽減するはたらきがあります。

これらのことから、黄色の明るさとポジティブさは、落ち込んだ気分やうつ状態の改善にも役立ちます。薬の色の研究でも、黄色い薬はうつ病に最も効果があることが確認されています。

ただし、鮮やかな黄色は神経を刺激する作用があるので、長い時間を過ごすスペースに黄色を取り入れる時は、淡い黄色を選択するのが賢明です。

UVカット効果が高い色

ライオン株式会社が2015年に行った「日傘の色別UV防止効果」の実験では、同じブランドのポリエステル100％素材でUV加工を施した、白、黒、黄、緑、ピンクの日傘でUV遮蔽率を調べたところ、黒が最も効果が高く、次いで黄色が高いことが確認されている。また、2019年に筆者が解説したテレビ番組内で実施された傘の紫外線の透過量の比較研究では、透明953、黒481、白421、赤い和傘370、黄色307という結果となり、黄色がUVを最もカットすることが判明している（単位はμ W/cm²［マイクロワット毎平方センチメートル］）。意外なことに黄色はUV効果が高いといえる。

緑のイメージと
緑がもたらす心理的効果

緑は自然の色であり眼に対する刺激が少ないため、癒しやリラックス効果があります。

緑のイメージ

植物の葉の色、森林の色である緑は、生命の生存に不可欠な自然の代名詞ともいえる色です。緑色は自然のもたらす安らぎを表象し、「癒し」や「穏やかさ」を意味します。

可視光線のちょうど中間に位置する、暖かさや涼しさを感じさせない中性色であり、その性質から「中立」、「公平」、「調和」、「協調」のイメージに結びつきます。

さらにこの色は「安全」と「安心」と直結しています。人類の祖先は樹上生活をしており、緑色に囲まれた場所は外的から身を守れる場所であったためです。

緑は黄緑から青緑まで、該当する色域は幅広く、黄色みと青みとどちらに寄っているかによって、そのイメージは異なります。

黄緑系の緑は一般的に、新芽や熟れる前の果実のイメージから、「若い」、「新鮮」、「幼い」、「未熟」の形容詞ともなっています。良好な自然環境を連想させ、「エコロジー」の象徴ともされています。また春になると再び芽を出す緑は、「再生」と「回復」、「生命力」のシンボルでもあります。

そして英語の色名「Green」は元来、「育つ（grow）」、「草」（grass）と同じ語源といわれています。

日本語の「緑（みどり）」という言葉の登場は平安時代頃ですが、本来は色名ではなく、「瑞々しさ」を表す言葉で、「新芽」という意味を持っていました。生後3歳くらいまでの子どもを「嬰児（みどりご）」というのはこれに由来しています。

青緑系の緑は漢字で「碧」、「翠」とも表記され、紺碧の空、翡翠など青系のイメージを想起させます。自然界では孔雀の羽、鴨の首筋の羽毛、カワセミの体毛、トルコ石などにみられます。青みがかっている分、黄緑や緑に比べてクールな印象、厳格なイメージを持ちやすい色でもあります。

前章でも述べましたが、緑色は地域、国によってイメージが異なる両義性を

| 緑 | 若草色 | 鶯色 | 緑青色
（ろくしょう） | エメラルドグリーン | ミントグリーン |

▪▪ 緑の具体的連想物

森林、山、植物、ジャングル、ゴルフ場、芝生、観葉植物、きゅうり、レタス、キャベツ、ピーマン、ミント、キウイ、メロン、マスカット、ほうれん草、小松菜、緑茶、抹茶、枝豆、春、カエル、バッタ、カメ、信号、ドル札、エメラルド、翡翠、若葉マーク、カビなど

▪▪ 緑が象徴する物事

自然、田園、エコロジー、環境、癒し、爽やか、穏やか、安息、休息、安らか、くつろぎ、リサイクル、再生、回復、復活、希望、成長、調和、協調、バランス、サポート、中立、平凡、中庸、公平、安心、平和、安全、新鮮、若さ、青春、未熟、ナチュラル、リフレッシュ、リラックス、ヒーリング、健康、ヘルシー、農業、園芸など

持っています。

緑の社会的役割

　自然を象徴する緑色はエコロジーを表し、環境に対する意識付けを促すのに最も適した色です。

　刺激が少なく景色に溶け込みやすい色でもあります。中波長の緑は、見る時に水晶体のピントを調節する必要が

なく、毛様体筋（もうようたいきん）という眼の筋肉を動かす力を必要としません。人間が認識する色の中では、最も眼に負担をかけずに見ることができる色なのです。

　高速道路の緑地に白図の標識は視認性が高く、昼でも夜でも見え方が変わりません。この配色は非常口のサインにも使われています。緑は炎の色である赤の補色で、見えやすいためです。

■ 緑が用いられているもの

緑は高速道路の標識や安全や衛生のマークに用いられる。

さらに白地に緑色の十字マークは、安全や衛生のシンボルマークに採用されています。JISでは「安全状態、進行、完了・稼働中」を表す安全標識の色として定められています。

▓ 緑の心理的効果

緑は心理的な安定、心地よさ、寛容性に最も関連する色であることがさまざまな調査で、報告されています。

緑に関する研究報告の一例としては、以下のものが挙げられます。

・温かい色は興奮した感じに関連し、クールな色は穏やかでリラックスした感じに関連する。緑色が最もポジティブな感覚を与える。（2004年）

・緑色の部屋は白い部屋よりもストレスが少ない。（2006年）

・緑に目を向けた患者はより積極的に治療を受けた。（1984年）

先述したように視覚的に最も見やすい緑は、リラックスした感覚を与えてくれます。不安、抑うつ、緊張を緩和することにも役立ち、高齢者向け施設などでは高齢者の気分の調整や、認知症からくる不安などを解消するはたらきがあります。

株式会社日本カラーデザイン研究所が、2017年に60～79才の男女120人ずつ計240人に対して行った調査では、黄緑色がこの年代の男女に共通して好まれていることが確認されています。60代以上と50代以下の世代では、前者のほうが約10ポイント多く黄緑を好む傾向があると報告されています。この結果からみて、緑系の色は、年齢が高くなるほど心地よく感じられる可能性があるといえるでしょう。

さらに、東京電機大学の研究チームは2013年に、「1／fゆらぎ（自然界にある不規則なゆらぎ。リラックス効果を持つ）を加えた緑色の光に最も高い癒し効果がある」という研究結果を明らかにしており、緑は不安を軽減し、ストレスを緩和させる効果があることがわかっています。また別の研究では、緑の芝地で休憩をとると、高血圧・低血圧にかかわらず、血圧と脈拍を正常値にすることもわかっています。

ほかにも緑は身につけると相手に聞き上手な印象を与え、商談などの場では、相手をリラックスさせやすくします。

青のイメージと
青がもたらす心理的効果

青は爽やかさや落ち着きと結びつき、また明るさによってイメージは異なります。

▨ 青のイメージ

青は涼しさや冷たさ、爽やかさを感じさせる寒色系を代表する色です。空と水など、私たちにとって身近な自然の中にありながら、触れることのできない稀な色であることから、「憧れ」や「理想」を象徴する色でもあります。

静けさと関連し、実体を持たないその性質は、精神性と神秘性をイメージさせます。

落ち着きをもたらす沈静色であり、見る人に安息感や消極的な感情を伝えます。

憂うつな月曜日を表す「ブルーマンデー」、困った時や苦しい時に吐くため息の「青色吐息」という言葉にみられるように、青の冷ややかで収縮的な性質は、ネガティブな心情と結びつきやすい色といえます。距離が遠くに感じられる後退色であるため、しばしば心理的にも疎遠で孤独な感覚を伝えます。

花の種類にしても青色のものは少なく、青は手に入れにくい印象があり

▦ 負のイメージを持つ「青」
　「ブルー」のつく言葉

「ブルーマンデー」「マリッジブルー」
「マタニティーブルー」
「ブルース」「青色吐息」「顔面蒼白」
「青臭い」「青二才」

英語の「ブルー」には憂うつで陰気、日本語の「青」にはそれに加えて未熟であるという意味が込められている。

ます。「ブルーローズ」という言葉は、これまで存在しなかった青いバラにたとえて「不可能」を表していましたが、現在では開発が進み「夢叶う」という意味になりました。

その他、青は「規律」や「従順」を表す色でもあります。制服の色に紺色などの青系が多くみられるように、控えめで目立たないため、抑制的で自己主張することがない色です。青は規則と規律、秩序の中で己を律する「大人」の色なのです。

| 青 | 紺色 | 藍色 | 水色 | マリンブルー | ターコイズブルー |

■■ 青の具体的連想物

空、海、湖、水、プール、地球、サファイア、デニム、スポーツドリンク、清涼飲料水、乳製品、ブルーハワイ、聖母マリア、制服、Facebook、Twitter、ベイスターズ、ローソン、ネモフィラ、露草、朝顔、ポリバケツ、ブルーカラー、ブルーシート、青の洞窟、水族館、オアシス

■■ 青が象徴する物事

信頼、誠実、真実、知性、知識、静けさ、沈静、内面、内向、内省、精神、深さ、神秘、理想、憧れ、追求、遠さ、収縮、自閉、冷静さ、慎重、自律、規律、秩序、論理性、大人、ビジネス、落ち着き、清潔、爽やか、安息、平静、平和、品格、厳格、男性的、真面目、硬さ、控えめ、諦め、抑制、従順、消極性、忠実、悲哀、孤独、冷たさ、涼しさ、苦悩、憂うつ、不安、失望など

そして青は「赤に唯一対抗できる」色でもあります。「熱さ」の赤に対して青は「冷たさ」を、「進出色」に対しては「後退色」であり、「情熱」に対して「冷静」を意味します。

赤いロゴマークの航空会社 JAL に肩を並べる ANA のカラーは青ですし、赤いロゴのコカ・コーラとシェアを競うペプシも青をイメージカラーとしています。

アニメでも主人公の色が赤である場合、対抗するキャラクターの色には基

■■ 青が用いられているもの

青はどの時間帯でも見えやすいことから、交通標識のほか、施設や道路の案内標識など幅広く使われている。

指定方向外
通行禁止

本的に青が使われています。またはその逆のパターンもあります。

　青のイメージは明るさによっても大きく異なります。

　深く暗い青は深遠で内省的であるのに対して、水色のような明るい青は、変化する水のごとく動的で、空のような広がりや希望を感じさせます。

▨ 青の社会的役割

　主に青は一般道路の地名や地点の名称、方向、施設の案内、道路の情報を知らせる案内標識に用いられています。案内標識の多くに青が使われる理由は、「プルキンエ現象」（68ページ）を考慮しているためです。ほとんどの道路標識には電灯が設置されていないため、夕暮れや夜でもドライバーから見えやすいように青が使用されています。

　最近では列車への飛び込みを防ぐために、「青色灯」が駅のホームにも設置されています。この効果については否定的な意見もありましたが、2012年の東京大学の研究によって、青色灯の飛び込み防止の有効性が明らかになっています。

　JISでは安全色において、「指示、用心、義務的行動」を意味する色として規定しています。

▨ 青の心理的効果

　青は副交感神経を優位にして、血圧と脈拍、呼吸数を落ち着かせ、筋肉の弛緩を促します。色の中では最もリラックスした気分と、心身の落ち着きをもたらす色です。

　薬の色が心理的に与える効果の研究でも、青い薬は不安を和らげ、精神を

安定させて鎮静と睡眠を促進するはたらきがあるという結果が報告されています。

また青い波長の光は、体内時計のはたらきに関わるセロトニンという脳内の神経伝達物質や、睡眠を促すホルモンのメラトニン（脳の 松 果体と呼ばれる部分から分泌される）と深く関わっています。

最近、睡眠を阻害するとしてブルーライトが問題視されていますが、決してそれ自体が体に悪いわけではなく、むしろいつその光を浴びるのかが重要になります。

朝から日中に、太陽光に含まれるブルーライトを浴びると、神経伝達物質であるセロトニンが分泌され、体内時計のはたらきが正常になります。

セロトニンは「幸せホルモン」とも呼ばれ、気分を安定させる効果があり

ます。睡眠を促すメラトニンを十分に分泌させるには、その材料となるセロトニンが重要となります。

感情的になりやすくイライラしやすい人は、青い波長の光を適切な時間に意識的に浴びるようにするほか、神経の高ぶりを抑えてクールダウンさせる青を取り入れるとよいでしょう。

さらに青は感情よりも冷静さ、理論、理性重視、分析力、知識、言語といった要素と関連するため、**論理的な思考を促し、頭の整理を助ける**はたらきがあります。

また自然界の食物ではほとんど存在しない色なので、食材の色として用いる場合は食欲を減退させます。他にも青は創造性を高めることも確認されています。これらについては第 5 章、第 6 章でも触れます。

ブルーライトに注意しよう

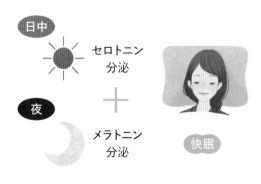

日中　セロトニン分泌

夜　メラトニン分泌

快眠

太陽光を朝や昼に浴びるとセロトニンが合成され、夜にメラトニンが分泌される。ブルーライトといわれる短波長の青白い光は、太陽光、LED、スマートフォンやパソコンなどのバックライトに多く含まれている。これを夜に浴びると睡眠が妨げられ、体内時計が狂い、心身の不調を招くといわれている。

紫のイメージと 紫がもたらす心理的効果

紫はまったく異なるイメージを持つ二面性があるためミステリアスな印象を与えます。

■ 紫のイメージ

　紫は暖色で進出色である「赤」と、寒色で後退色である「青」の2色が混ざり合わさった色です。赤と青の相反する性質を併せ持ち、自然界の紫の希少性から、神秘的で複雑、不明瞭なイメージと結びつきます。

　青紫を除く紫単体の波長はスペクトル上にはなく、対立する色同士が混在するため、その性質は両極性とつながり、移ろいやすく不安定な感覚を伝えます。

　第3章で説明したように、紫色は抽出が困難で原料も貴重であったため、古来より貴重な色、優雅で高貴な色であると考えられてきました。

　二面性を持つ紫は、「上品」と「下品」、「高貴」と「低俗」など、まったく異なった印象を与えることもあります。

　紫色はミステリアスな印象と直結することからネガティブなイメージが強く、影のあるキャラクターや、悪役の色として用いられることが圧倒的に多い色でもあります。

紫　　　　　青紫　　　　　赤紫

■■ 紫の具体的連想物

ぶどう、紫キャベツ、ブルーベリー、紫芋、さつまいも、プラム、茄子、ゆかり、ラベンダー、藤、すみれ、あじさい、菖蒲、ライラック、占い師、アメジスト、夕闇、僧侶、痣など

■■ 紫が象徴する物事

神秘、高貴、崇高、権威、エレガント、優雅、妖艶、瞬間的、非現実、ミステリアス、謎、占い、宗教、霊性、不気味、精神性、創造性、感受性、直感、芸術、癒し、変容、古風、上品、下品、低俗、退廃、複雑、矛盾、葛藤、恨み、不吉、苦難、傷病、病気、死など

高速道路の通常の入口や出口、料金所などを案内する標識は緑だが、ETC 専用の案内標識には、一般車の誤進入を防ぐため、紫が使われている。

紫の社会的役割

　紫は視認性が低い色であることから、単体で標識などに使用されることが少ない色で、あまりパブリックな場面では用いられません。

　唯一紫が使われているのは「ETCの標識」です。紫を採用した理由は既存の道路標識と色彩の差別化を図ることです。NEXCO 中日本によると、視認性の問題から他と明確に判別・特化できる紫系の色相で、白文字との対比で明確に判読できる明度、一般道路標識と同等の彩度となる色が選ばれています。JIS の安全色においては、放射能標識に黄色とともに赤紫色が使われています。

紫の心理的効果

　紫はインスピレーションにはたらきかけ、私たちの感覚を目覚めさせ、創造性と感受性を刺激するはたらきがあります。

　そのため独創的な考え、創造性を必要とするミュージシャン、作家、詩人、芸術家は紫色によく反応するといわれています。

　赤の刺激と青の混合は矛盾を生み出し、人間心理においてそれは葛藤を表す大きな要素でもあります。紫は不安を掻き立てやすい性質を持っているため、好きでない限り多用するとうつ病を悪化させる可能性があるという説もあります。濃い紫色は悲観的な感情や欲求不満を強くする傾向があります。

　この色に惹かれた時は注意が必要です。どんな時に紫に惹かれるか、後ほど説明します（149 ページ）。

紫色は色の中でも最も特異で不思議な色と考えられていることが多い。

ピンクのイメージと
ピンクがもたらす心理的効果

ピンクは穏やかでポジティブな気持ちにさせ、またダイエットにも効果がある色です。

ピンクのイメージ

赤に白を混ぜてできるピンク色は、厳密には明るい赤ですが、独立したカテゴリーのひとつとして認識される色です。「ピンク」という色名は、17世紀にナデシコのピンクの花弁が、切り口がギザギザになる「ピンキングばさみ」でカットされたように見えることから名付けられました。

この色は、柔らかい印象を持ち、優しさと幸福感と強く結びついています。

ピンクには可愛らしく、甘いというイメージがあり、その濃淡によってもさまざまなイメージバリエーションを持ちます。淡いピンクは若さや幼さの印象が強く少女的、明るいピンクはロマンティックな、赤に近く激しいピンクはエキサイティングで、興奮的なイメージとなります。

またピンクは、健康な爪、唇、内臓などの色で、健康な状態を表す色です。「in the pink」という英語の表現にみられるように、ピンクは「すこぶる健康で元気」な状態を意味します。ポジティブな側面が多く、基本的に喜びと幸福、夢と可能性を意味する色です。

ピンクの社会的役割

公共のサインや標識としては用いられず、多くは女性を表すジェンダーカラーとして産婦人科や女性専用のエステティックサロン、ネイルサロンの看板などに多く使われています。

他には、ピンクをテーマカラーとした「ピンクリボン運動」があります。ピンク色のリボンは乳がんの早期発見・早期診断・早期治療の重要性を伝えるシンボルマークとなっています。

1980年代にアメリカから始まった乳がんの啓蒙運動「ピンクリボン運動」は、日本でも広まり浸透している。「ピンクリボン」はその世界共通のシンボルマーク。

桃色	桜色	躑躅色	ピンク	ローズピンク	サーモンピンク

■■ ピンクの具体的連想物

桜、梅、バラ、コスモス、撫子、芍薬、ハート、口紅、チーク、ロゼワイン、イチゴミルク、桃、肌、爪、ベビー用品、マタニティーマーク、婦人科、ピンクリボン、エステサロン、ネイルサロン、フラミンゴ、サンゴ、サーモン、など

■■ ピンクが象徴する物事

幸福、健康、喜び、健康、愛情、恋愛、ときめき、女性、若さ、初々しさ、少女、母性、誕生、可愛らしさ、魅力、誘惑、夢、憧れ、未来、可能性、優美、優雅、ロマンティック、キュート、エレガント、優しさ、穏やか、癒し、慈愛、献身、繊細さ、幼さ、アイドル、美容、おしゃれ、春、花見、甘え、頼りない、未熟、わがまま、依存など

▨ ピンクの心理的効果

ピンクは赤の一種でありながら、苛立ちや興奮を鎮めて穏やかな気分を作り出す色です。暖色系で、柔らかい感覚と結びつき、温和な性質を持つピンクは、暖かく心地よい気持ちを刺激してポジティブな気持ちにさせるはたらきがあります。

また淡いピンク色は子宮の色であることから、本能的に安心感を誘い、プレッシャーを緩和して、癒しや肯定感をもたらします。

オレンジを混ぜたようなコーラルピンクは、より健康的なイメージをもたらし、前向きな感情を与えます。オックスフォード大学のクロスモーダル研究所と、ペイントメーカーのValspar社が行った研究でも、この色合いのピンクの部屋は、高い快適感を人に与えることが確認されています。

ピンク色は記憶力を高めるのにも役立ちます。2002年に報告された日本大学と財団法人日本色彩研究所が行った研究では、勉強でテキストにマーキ

ングを行う際に、ピンク色の蛍光ペンで文字を覆う方法が記憶を定着させるのに、最も有効だということが突き止められています。

ピンクは、ダイエットなどを目的とした運動にも向いています。心理的に若々しくなりたいという気持ちを高めて、緊張を解きほぐすので、ストレッチやヨガなどを行う時のウェアの色として取り入れるとよいでしょう。赤と同じ波長の色なので、血流を活発にする作用も期待できます。

さらにピンクは、女性の目にとまりやすく関心を引く効果があります。

2007年のイギリスのニューカッスル大学による色の好みに関する研究では、女性はピンク系の色に惹かれる傾向が男性よりも高いことが判明しています。同研究チームは、女性のピンク色に対する好みは、進化の過程で、女性が熟した果実や健康的な表情と関連する赤みを帯びた色を好むようになったのではないかと推察しています。

ピンク色の光には更年期の症状を改善する有効性も認められています。濃いピンク色のサングラスは血圧を安定させて、更年期による衝動的で攻撃的な気分を解消する効果があるということが、眼鏡レンズのメーカーと医学博士の研究によって確認されています。

また特定のピンク色は、「科学的に空腹を感じさせない色」といわれ、ア

コーラルピンク　　ベイカーミラーピンク

メリカのファッションモデルである、ケンダル・ジェンナーもこの色を自宅の壁に取り入れて、ダイエットに役立てています。このピンクは1979年のアメリカの施設での実験で囚人の攻撃性が弱まったと報告された「ベイカー・ミラー・ピンク」と呼ばれる色です。ジョンズ・ホプキンス大学で4年間にわたって行われた研究では、約1700人のうち、3分の1以上の被験者がこのピンクによって食欲が低下したことを明らかにしています。ただし、効果があるのは45.7×61cm以上の面積で使う時ということです。

ピンク色のマスクの効果

ピンク色は肌色を美しく見せて魅力をアップさせる作用もある。北海道大学大学院は2015年に、ピンク色のマスクは外見的な魅力を高めると報告している。

茶色のイメージと 茶色がもたらす心理的効果

茶色は大地や木々の色であることから安心感、落ち着き、堅実さなどを感じさせる色です。

茶色のイメージ

茶色は赤から黄色にかけての色相を暗くした色で、温暖な印象を与えるため、暖色系のカテゴリーに属します。有機的で素朴な温かみと落ち着きを持つ色です。草花が枯れた色であるため、秋に関連しています。

土や植物、海など地球の自然物をイメージしたブラウン系やグリーン系、ブルー系の色をアースカラーといい、その代表格である茶色は、生命を育む土壌や大地など、すべての土台となる色です。「地に足をつける」「土に根をはる」という言葉で表されるように、どっしりとした安定感と堅実な印象を与えます。

葉や穀物が茶色に変化するときは、時間の経過が必要となることから、古さや老い、成熟感を連想させます。したがって伝統と歴史、安定感と過去の蓄積を伝えます。

さらに茶色は食物が熟した色、実りの色であり、充実したイメージと結びついています。

一方彩度が低く地味な色であるため、退屈さや陰うつなイメージもあります。英語の「Brown」という名前自体も、古英語の「暗い」、「謙虚」、「退屈」などの意味を語源としています。そのため中世のヨーロッパでは、下級役人、税の徴収人、貧者を象徴する色だと考えられていました。

茶色の社会的役割

建築物のベーシックカラーである茶色は、一般的な建物のデザインに多く使われるほか、景観の保護や調整のために使われることが多い色です。

全国で最も厳しい景観条例を定めている京都をはじめ、鎌倉など古い街並みが残っている場所では、コンビニエンスストアや、全国チェーン店の店舗

セブン‐イレブンの茶色の看板。その都市や地区の景観条例に基づいて茶色や黒などの色が使われている。

| 茶色 | 焦茶 | 栗色 | 赤茶 | アンバー | チョコレート |

■■ 茶色の具体的連想物

土、泥、砂、大地、木の幹、枯葉、田舎、紅茶、栗、胡桃、チョコレート、キャラメル、ココア、ウイスキー、味噌、焼肉、トースト、パンケーキ、ステーキ、カレー、蒲焼き、じゃがいも、ごぼう、きつねなど

■■ 茶色が象徴する物事

安心、安定、落ち着き、リラックス、安らぎ、満足感、食欲、欲求、自然、素朴、堅実、オーガニック、温もり、成熟、渋い、重厚、伝統、歴史、秋、保守的、継続、土台、基盤、充実、堅い、シック、謙虚、地味、貧しさ、枯れた、乾いた、汚れた、古い、老い、退屈、頑固など

デザイン、看板などに茶色が用いられています。

茶色の心理的効果

　茶色はくつろぎの感覚をもたらし、安心感を与えて緊張感を和らげるはたらきがあります。

　不動的で安定感を持つ茶色は保守的な心理と結びつくため、冒険心を抑制する作用があり、精神を安定させてひとつの物事をじっくり落ち着いて考える心理状態を作り出します。これまで培ってきたことを忍耐強く継続する意欲を高めます。

　堅実さを感じさせる茶色は信頼感を与え、本物指向の人には魅力的に映る色です。また地味で変化しにくい性質を持つことから、「定番」というイメージにもつながり、不景気になると流行しやすいという特徴があります。

白のイメージと白がもたらす心理的効果

白は光の色、汚れや穢れのない神聖な色で、気分をリセットする効果があります。

▨ 白のイメージ

白は光のスペクトルでいえば赤から青紫までのすべての波長を包括して反射する性質を持つ、最も明るい無彩色です。

白は陰りや汚れがなく、「善」、「神聖」、「純粋」を表し、清潔感のあるクリーンなイメージを伝えます。

世界各国では平和の象徴とされ、潔白、清らかさ、光を意味します。

さらに神々しさを持つ白は、天に属する色と考えられ、宗教的儀式、神事などに使われることの多い色です。今日では婚礼の色、ウエディングドレスの色として用いられ、純潔無垢のシンボルとされています。

また真新しい状態を意味し、始まりや出発などのスタート、「白紙に戻す」という言葉通り、リセットを意味します。

ほかにも白には「告白」、「明白」、「白日の下にさらす」という言葉があるように、その明るさは「真実を明らかにする」「嘘偽りのない正直さ」を表します。

一方、白は何もない状態、空白を意味することから力量感がなく、弱々しさ、空虚、虚無のイメージにつながりやすい色でもあります。雪や冬を連想させる清潔で清浄な印象から、厳しく冷たく感じられる一面もあります。

▨ 白の社会的役割

白は清潔なイメージを最も伝える色であるため、医療のシンボルカラーとして認識されています。

▦ 白が用いられているもの

整理整頓
KEEP IN ORDER

安全通路
Safety Passage

白は安全色の緑を引き立てる対比補助色として用いられる。

| 白 | 生成色 | 象牙色 |

白の具体的連想物

雪、氷、雲、光、豆腐、白米、小麦粉、うどん、片栗粉、砂糖、塩、バニラ、乳製品、うさぎ、白クマ、白衣、病院、教会、神主、百合、コピー用紙、消しゴム、石けん、ウエディングドレス、真珠など

白が象徴する物事

清潔、純潔、純粋、潔癖、清楚、浄化、平和、明るさ、新しさ、スタート、リセット、原点、素、シンプル、公平、博愛、完全、完璧、正直、正義、道徳、気高さ、希望、健康、医療、神聖、神事、結婚式、冬、光、朝、告白、失敗、無罪、空虚、空白、虚弱、孤独、孤高、喪など

公共のサインや標識としては、案内用図記号（JIS Z8210）として定められ、「通路」「整頓」の意味があり、安全色を引き立てる「対比補助色」としても用いられています。

白の心理的効果

すべての色の中で最も明るい白は重量感がなく、実際よりも物を軽く感じさせ、大きく見せる膨張色です。

爽快な白は、清々しい気分とリフレッシュを促します。すべてのスペクトルを含むので、複数のホルモンを刺激して、リセットする作用があり、気分を一新させる効果があります。

また、白には緊張感を高めるはたらきもあります。反射率が高く眩しいので、使い方を間違えると眼や脳を疲れさせ、心身の調子を乱す原因となります。

空間を広く感じさせますが、白に長時間囲まれていると、体が疲労したり、妄想や不安を掻き立てたりする場合もあります。インテリアにおける白の使い方については第6章で説明します（194〜195ページ）。

グレーのイメージと
グレーがもたらす心理的効果

白と黒の中間色であるグレーは中立的で曖昧なイメージを持ち、刺激を与えない色です。

グレーのイメージ

グレーは白と黒の中間の色で、ねずみ色とも呼ばれます。灰色の空は太古の昔から雨や嵐の前兆を示す空、物が焼けた後に残る「灰」の色であることから、「不毛」など肯定的な意味を持ちにくい性質があります。

明るさが曖昧であるため、「中立的」で「はっきりしない」状態を意味します。「グレーゾーン」、「灰色の決着」などの言葉からもわかるように、グレーは不確実であやふやな状態を示します。

日本流行色協会がサイト上で投票を募った「2021年の色」では、コロナ禍による先行き不透明な状態を反映するように、1位にグレーが選ばれています。

自己主張がなく「慎ましさ」や「謙虚」のイメージにも通じており、ビジネススーツや制服にも多く用いられます。

グレーの社会的役割

グレーは道路など都市生活の大半を

灰色 　　　 藍鼠（あいねず） 　　 シルバーグレー

グレーの具体的連想物

アスファルト、コンクリート、都会、曇り空、悪天候、ねずみ、象、灰、煙、岩、石、砂、制服、スーツなど

グレーが象徴する物事

控えめ、従順、落ち着き、中立、穏やか、過去、疑惑、不明瞭、漠然、寂しさ、孤独、地味、没個性、調和、不透明、不安、無気力、無関心、迷い、陰気、憂うつ、抑うつ、悩み、悲しみ、曖昧、迷宮入り、大人、老人、無機質、クール、シック、スマート、上品、エレガントなど

占めるインフラの基本色であり、私たちの生活を支える色です。

　無機質的で目立たない性質であるため、特別な意味や感情に結びつける必要がない場所や物の色として多く使われています。

　ニュートラルでどんな色とも相性がよく、他の色を引き立てるはたらきがあり、茶色と同じく視覚的な環境の調整役として大事な役割を担っています。

■ グレーの心理的効果

　適度な明るさのグレーは、余分な刺激を与えないため、苛立ちやストレスを和らげる効果があります。

　グレーには感情をソフトランディングさせるはたらきがあり、力を抜いてリラックスしたい時、自分をコントロールする必要がある時に最も適した色です。

　グレーを身につけるとバランス感覚が高まりやすく、周りの状況を考えたり、相手に調子を合わせて行動できるようになる心理的作用もあります。グレーは周囲の意見を柔軟に取り入れやすくします。

　グレーの持つ控えめさは、人間関係において敵を作りにくくします。接する相手の警戒心を低下させる作用もあります。したがって、目立ちたくない時や謝罪の場などに最も有効です。

　気持ちをニュートラルにして穏やかにさせますが、多用すると主張や自我を抑え込みます。グレーは消極的な心理にさせやすく、人と会いたくなくなったり、やる気をなくしたりすることもあります。

グレーを身につけるメリット・デメリット

インテリアでも適度なグレーは気持ちを穏やかにする。

メリット
- イライラやストレスが和らぐ。
- 周囲の意見を取り入れたり状況に合わせて行動できるようになる。
- 相手も自分も穏やかな気持ちになり敵を作りにくくする。

デメリット
- 多用すると消極的になりやすく、やる気を低下させることがある。

黒のイメージと
黒がもたらす心理的効果

黒は恐怖や不吉などの否定的なイメージだけでなく強さや高級感などとも結びつきます。

黒のイメージ

私たちが目にする色の中で、最も暗く重さを感じさせる色です。暗闇、夜の色であることから、恐怖や死などの不吉で否定的なイメージを掻き立てやすい性質があります。

また「腹黒い」、「黒幕」、「黒い噂」「ブラック企業」、「ブラックマーケット」など、黒を用いた言葉は悪や不正を意味することがほとんどです。英語の「black spot」は交通事故・死亡事故多発地点を意味し、「black dog」は不機嫌、落胆を示します。

キリスト教においては、黒は死と冥府、悪魔の色とされ、忌み嫌われた一方、厳粛な印象を持つことから僧侶や司祭の服の色にも用いられました。さらに黒い衣装は清貧、謙虚さを表すシンボルとされていました。

光を吸収して飲み込み、何色にも染まらない色なので、支配的なイメージを持ち、赤とは異なる、不屈の「強さ」や「権威」、「権力」を象徴します。

最上位のクレジットカードが「ブラ

■ 白と黒がつく言葉

「告白」「明白」「自白」「白書」
「白日の下にさらす」

「腹黒い」「黒幕」「黒い噂」
「暗黒時代」「暗黒期」

「白」は真実さを明らかにする、偽りのない正直さを意味し、「黒」には心がよこしまであること、犯罪や不正などの意味がある。

ックカード」とされ、またフォーマルウェアやハイブランドのロゴカラーとして多く用いられるのは、黒が重厚で高級感と結びつくためです。

黒の社会的役割

青と同様に男性を表すサインの色として使用される場合があります。白と同様にJISでは、安全色のうち「対比補助色」として規定されています。

服や家電、インテリアなどではベー

黒　　墨色　　鉄黒

■■ 黒の具体的連想物

宇宙、夜空、暗闇、ブラックホール、こうもり、カラス、髪、墨、黒糖、黒豆、
黒ごま、ひじき、昆布、黒酢、コーラ、コーヒー、ピアノ、タキシード、喪服、
魔女、悪魔、吸血鬼、黒猫、裁判官、高級車、高級ブランドなど

■■ 黒が象徴する物事

夜、影、暗さ、強さ、男性、高級、厳粛、
重厚、格式、フォーマル、権威、不屈、
信念、支配、プロフェッショナル、洗練、
神秘、吸収、無限、沈黙、抑圧、重さ、
プレッシャー、決断、頑固、不吉、不幸、
陰気、悲しみ、陰謀、秘密、犯罪、悪、
拒絶、孤立、絶望、孤独、恐怖、死、
葬式など

シックカラーとして扱われています。

黒の心理的効果

　黒を身につけると強い意志と威厳の
あるイメージ、プロフェッショナルで
近寄りがたい印象を与えます。

　自信をもたらし、発する言葉に力強
さと説得力を持たせる効果があります。

　一方、自分の感情を抑え込むはたら
きがあり、素直な気持ちや本音を表に
出すことが難しくなります。

　収縮色なので体をスリムに見せます

が、光を吸収するので必要なエネルギ
ーをシャットアウトしてしまいます。

　黒を多用しすぎると活力を低下させ
て、塞ぎ込んだ気分や無気力さを生み
出すこともあります。

　またスポーツにおいては、ペナルテ
ィを取られやすいというデメリットが
あります。私たちの文化では世界共通、
黒は闇や悪魔などを連想させ恐怖心を
掻き立てるイメージから、「黒は悪」
いう認知バイアスがかかりやすいので
す。

写真の色は撮影者の心の状態を反映する

うつ状態の人がSNSにアップする写真はモノクロ調に加工される傾向があります。

うつ病患者の色の見え方

SNS全盛の今の時代、Instagram、Facebook、Twitterなど、そのユーザー数は全世界で42億人を突破しています。

SNSを利用している人ならわかると思いますが、写真をアップする際には、加工を施すことも珍しくないと思います。

しかしそうした写真が、撮影者の精神状態を表す可能性があるということをご存じでしょうか。

うつ状態とそうでない場合は色に対する感受性が変化するため、写真の色に違いが現れるのです。

2015年のアメリカのロチェスター大学の研究では、人は悲しい気持ちになると、幸福感をもたらす神経伝達物質のドーパミンの分泌量が減少して、青と黄色の感度が低下する結果、色の認識が阻害されて、目にする世界が色褪せて見えることを明らかにしています。

またドイツのフライブルク大学の研究でも、うつ病患者は健康な人と比べて視覚的なコントラストに対する感度が著しく低くなり、症状が重い人ほど網膜の反応が低下すると指摘しています。つまり、うつ病患者は色のコントラストに対して感受性が低くなるということです。

左は健康な人の見え方。右はうつ病の人の見え方のイメージ。

写真の加工に心の状態が現れる

2017年に報告されたアメリカのハーバード大学とバーモント大学の研究では、うつ病歴のある人のInstagramの投稿からAIによるプログラムの検証を行った結果、約70％の高い確率でうつ病を検出しています。

この研究は、Instagramのデータと病歴の公開に同意したSNSのユーザー166人（うちうつ病歴71人）、そして彼らが投稿した4万3950枚の写真を対象として行われました。

投稿写真の顔写真の投稿パターン及び「色相」、「明度」、「彩度」から分析が行われた結果、うつ病歴のあるユーザーの写真は健康的なユーザーの写真と比べて青みや灰みが強く、明度や彩度は低い傾向にありました。

写真の雰囲気を「幸福」「悲しみ」「親しみ」「面白い」の4つのキーワードで分析すると、「悲しみ」の度合いが高く、画像の加工については、うつ病歴のあるユーザーはモノクローム調に変えるインクウェル加工などを好んでいました。対して健康なユーザーは明るい暖色系の色調にするバレンシア加工を好む傾向がみられています。さらにうつ病歴のある人は「自撮り」と「モノトーン」写真が多いことも確認されました。

アメリカのマウントサイナイ病院の精神科医は、うつ病の人は暗くはっき

上は元の画像。真ん中はバレンシア加工した画像、下はインクウェル加工した画像。

りしない色を好み、沈んだ気分は青、情熱が赤と関連づけられるのにはそれなりの理由があると指摘しています。その他の多くの実験でもうつや不安を感じている人は、グレーを選ぶ割合が多いことが判明しています。

心の色は目に映る景色のフィルターなのです。

うつ病や双極性障害と
色の好みの関係

うつ状態になると見え方の変化や色の刺激が負担になり、選ぶ色に影響が生じます。

うつ病患者が選ぶ色の傾向

これまでに述べた事例からわかるように、一般的に明るく鮮やかな色は幸福で陽気な気持ちと関連しており、くすんだ色や暗い色は負の感情と結びついています。

そうしたことから、うつ症状やうつ病を抱えている人はおおむね、黒、灰色、茶色、青、紫などの暗く生気に欠ける色を選ぶ傾向があります。またうつになると料理をする時に、無意識のうちに色のある食材を使わなくなり、気がつくといつの間にか料理の色全体が茶色ばかりになってしまったという話もあります。

うつ状態に陥ると、色の持つ刺激自体に負担を感じてしまうのです。

しかしそう単純な話ばかりではなく、地味な色を好んでいた人が、うつ病をきっかけに、突然鮮やかな赤、ショッキングピンク、黄色、黄緑、エメラルドグリーンなどの派手な色を選んだり好んだりする場合もあります。

その理由は前述の通り、うつ病にな

うつ病とは

うつ病は「気分障害」のひとつ。一日中気分が落ち込む、何をしても楽しくない、意欲が低下してやる気が起きない、集中力がなく判断力が低下するといった状態を「うつ状態」という。「うつ病」ではこの症状が重くなり、さらに睡眠障害、食欲の低下、疲れやすい、自分に価値がないと感じるなどの症状が生じて日常生活に大きな支障をきたす。

双極性障害とは

憂うつで無気力なうつ状態と、ハイテンションで活動的な躁状態を行ったり来たり繰り返す。躁状態では睡眠時間が短くても元気に活動する、人の意見に耳を貸さない、買い物やギャンブルに莫大な金額を使うなど、家庭崩壊や失業に至ることもある。

ると色彩のコントラストを感じにくくなるためです。また気力の低下も相まって、色によって呼び起こされる感情

うつ状態のときに好む色

基本的に暗い色を選ぶ傾向にある。

黒　　灰色　　茶色　　青　　紫

色を選ぶことが面倒でわかりやすい派手な色を選ぶことも。

赤　　濃いピンク　　黄色　　黄緑　　エメラルドグリーン

が湧きにくくなります。

　それによって色を選んだり探したりするのが面倒になり、わかりやすい派手な色を選びがちになるのです。

　この場合コーディネートまで気が回らないため、周囲から見れば単に奇抜なファッションに映ることが多々あります。女性は服だけに限らず、メイクがやたらと派手になるケースもあります。

躁状態にみられる色の好み

　さらに双極性障害（躁うつ病）を患っていると、同様の状態になることがあります。双極性障害になると、憂うつで無気力なうつ状態と、ハイテンションで活動的になる躁状態を繰り返します。

　快活な躁状態になると、気分が高揚して多幸感が強まることにより、派手で色彩豊かな服装を好むようになるという事例がいくつも報告されています。

　またこのケースでは、うつ状態になると、自分で買った派手な色の服が急に着られなくなるなど、色の好みがシーソーのように入れ替わり立ち替わり変化するという特徴があります。

　いずれにせよ、派手な色を身につけるようになるパターンは、心の問題に周囲が気づきにくく、病気が深刻化する可能性が高いので注意が必要です。

　一概に断定することはできませんが、家族、友人、知人にそのような色の好みの変化や、自分にそのような兆候がみられる時は、ぜひ心の健康状態を意識してみることをおすすめします。

自閉スペクトラム症児は黄色が苦手？

ASD 児は刺激の強い色が苦手でマイルドな色を好むと考察されています。

黄色は元気になる色だけど

116 〜 119 ページで説明したように、黄色は光を象徴し、眩しく輝く希望の色であり、見ているだけで心が弾み、陽気で楽しい気分を鼓舞させ、元気を与えてくれる心理効果を持つ色です。開放感や親しみを感じさせ、人との心理的距離を近づかせるコミュニケーションカラーとも呼ばれています。

しかしそんな黄色は、自閉スペクトラム症（以下 ASD とする）といわれる子どもたちにとっては、疲れるので苦手だと感じられるようです。

ASD 児は、障がいに伴う「感覚過敏（知覚過敏）」を持つことがあります。たとえばごく普通の大きさの音に対して、それを「大きすぎる」「うるさい」と感じたり、服のタグが肌を擦るように感じてタグを切ってしまうなど、普通の皮膚接触でも「痛み」を過剰に覚えたりしやすい傾向があります。味覚に対しても同様で、食への好みの偏りが顕著であるケースも少なくありません。

自閉スペクトラム症とは

生まれつきの脳の障がいによるもので、言葉の発達の遅れ、社会的なコミュニケーションや他人とのやりとりがうまくできない、一定の物事や手順などへのこだわりが強く興味や活動が偏るといった特徴を持つ発達障がいのひとつ。2013 年に発表されたアメリカ精神医学会の診断基準 DSM − 5 より、広汎性発達障害、アスペルガー症候群、自閉症と呼ばれていたものを、自閉スペクトラム症と表現されるようになっている。

緑や茶色など自然の色を好む

京都大学霊長類研究所の正高信男教授とフランスのレンヌ第 1 大学の共同研究グループは、同様のことが色の知覚でも生じているのではないかと仮説を立て、29 名の 4 歳〜 17 歳の ASD の男子と、特に障がいの認められない同年齢の 38 名の子どもを対象に色の好みについて比較を行いました。

　実験では赤、青、黄、緑、茶、ピンクの6色の色見本を用いて、比較を行い各色の「好感度」を導き出しました。

　2つのグループを比較したところ、障がいのないグループでは好感度の高い黄色が、ASD児のグループでは好まれず、緑と茶の好感度が高いことがわかりました。

　特に緑色に対する好みは顕著で、たとえばASDの11歳の少年が3年以上緑のストローを使い続けたという事例もあり、アメリカではスターバックスのストローがASD児の「人気商品」であることも有名です。さまざまな色の積み木の中から緑のものだけを選んで遊ぶ、保育園のおもちゃで緑色のものを他の友達に取られるとパニックになるといったケースもあります。

　ASD児が黄色を苦手とする理由は、この色が色の中で最も明るく、生理的な刺激が強いためです。障がいのない人でも黄色を長時間見ていると、眩しくて落ち着かない気持ちになります。

　研究では、知覚水準が特に過敏であるASD児は、感覚疲労の結果として黄色への好感度が低下し、より生理的にマイルドな緑と茶を好むと考察されています。

　この研究結果は、ASDの症状を持つ人が暮らす環境での配慮が必要であることを示唆しています。ASD児に好まれる緑と茶色は一般的にも安らぎと自然を感じさせる色です。つまり緑や茶色は、世代や障がいを問わず多くの人にとって、心地よく快適な色であるといえるのです。

ASD児にも多くの人にも好まれる色

研究結果では、ASD児はそうではないグループと比べて緑と茶色に対する好感度が高いこととともに、青が最も好感度が高いという結果が得られている。自然の色はすべての層に心地よい色だといえる。

その色に惹かれる時の心理状態を知っておこう

求める色から、自分の心がどのような状態かを知ることに役立てることができます。

うつ症状の項目でもみたように、私たちは悲しい気分の時は明度や彩度の低い色を選ぶ傾向があります。このように、私たちはその時の心と体が、必要とする性質を持つ色を無意識的に求めています。

ここでは心身の健康を保つために、惹かれる色が示す意味を知り、自身の心の状態の把握に役立ててほしいと思います。

 赤に惹かれる時

赤は交感神経を優位にさせて、色の中では最も私たちの覚醒を促し、興奮させる色です。赤に惹かれる時は、精神的にも肉体的にもバイタリティーに満ちあふれている状態といえます。

覇気があり、何事にも旺盛に取り組む意欲があり、向上心とチャレンジ精神が高まっています。

集中的で過剰な状態を示す赤は、脇目も振らず果敢に突き進む強さと目立つ性質を持っています。つまり赤を欲するのは、周囲から一目置かれる存在になり、自分が中心となり目標を達成して、承認欲求を満たしたいという願望がある時です。

また、エキサイティングで刺激的なことを求める時にも赤に惹かれやすくなります。

さらに感情を発散させるはたらきがあるため、不満や反抗心、憤り、ストレス、ショックを抱えている状態、行き場のない怒りをぶつけたいと感じている場合にも求めたくなる傾向があります。

オレンジに惹かれる時

活動性と高揚感、陽気な感情と結びつくオレンジを求める時は、気力体力ともにエネルギーが充実していて、楽しいことに目を向けたい気持ちが高まっている状態といえます。

前向きな気持ちであり、可能性を叶えるべく勇気を持って一歩踏み出したいという思いを抱いています。色の中で最も温もりを感じさせるオレンジに惹きつけられるのは、心が温まる人間関係を求める心理状態の裏返しでもあります。

また、この色は解放的な感情を表す色なので、面倒な事柄や重圧から逃げ出したいと思っている時にも惹きつけられることの多い色です。

オレンジの持つ温暖な性質は、心地よい温もりと安心を感じさせ、「過去に負った心の傷を癒したい」という心理状態にも寄り添う色です。

その他、今以上に活力やモチベーションを養いたいと思っている時にも惹かれやすくなります。

黄色に惹かれる時

有彩色の中で最も軽く躍動感のある黄色を好む時は、体力的な余裕があり、活力も十分な状態で希望や期待を抱いており、冒険心や好奇心が高まっている状態といえます。

幸福感と結びつきが強い黄色は、ポジティブな気分を表します。

広がりと自由を持つため、外の世界に積極的に関わりたいという思いが強い時に惹かれやすい色です。しがらみにとらわれることなく、何にも制約を受けず、気の向くまま自由奔放に行動し、さまざまな経験をして自分の可能性や、楽しいことだけを追い求めたい

という考えがあります。

　明るく外へ向かう性質を持つ黄色に惹かれている時は、人に対しても寛容です。

　しかしながら黄色は力強さに欠ける色でもあるため、この色に惹かれる時は周りの影響を受けやすくなる可能性もあります。

　また、賑やかなイメージを持ち、明るく目立つ黄色は、孤独を感じており、コミュニケーションを欲する場合にも求めたくなる色です。

緑に惹かれる時

　回復と再生を意味し、見るのに余分な力を必要としない緑色。この色を好ましく感じる時は、睡眠不足、ストレスや肉体的な疲労を感じて、リラックスと休息を求めている可能性があります。

　中波長、中性色の緑は調和とバランスの色であることから、どっちつかずの優柔不断な状況と関連しやすく、決断を曖昧にしておきたい心理を表すこともあります。

　また協調を示す色であるため、人との争いを避けたい、周囲との調和を大切にしたいと思っている時にも惹かれやすくなります。

　緑色は、黄緑と青緑とで示す意味が異なります。新芽の色である黄緑色に惹かれる時は、心身ともに活気があり新たな学びとさらなる発展、自己成長を求めている状態を示します。一方、閉ざされた深い森林と陰りを思わせる青緑を好む場合は、心身の消耗が激しく、静けさと安らぎを強く求めている傾向がうかがえます。

青に惹かれる時

　青を好ましく感じられる時は、活動性は薄れ、心身ともにクールダウンした状態であることを示しているといえます。

　内省的で求心的な青に惹かれるのは、周囲との付き合いを億劫だと感じ、距離を置きたいと感じている時です。静かな場所で自分を見つめ直したいと思っている可能性もあります。

　論理的な思考と冷静さとの結びつきが深い青は、ひとつのことをじっくり探求したいという思いや自分の内面に

対する関心が高まっている時に求めたくなる色です。

さらに自分が置かれている状況や問題をきちんと整理する必要があると思う時にも青に惹かれる傾向があります。

抑制的で思慮深さを表す色でもあるので、自由に行動することへの罪悪感を抱えており、目標を諦めようとしている時にも、選ばれる色です。

青は陰りと関連し、影や闇、冷たさを意味する色であることから、孤独や寂しさ、悲しみなど、ネガティブな心境を映し出すこともあります。

紫に惹かれる時

紫に対する関心は、精神的、または肉体的な問題、強い不安やストレスを意味する傾向があります。

赤と青の対立する性質を併せ持つため、葛藤、矛盾、複雑、不安定な心身の状態と関連しています。

そうしたことから紫に惹きつけられる時は、形容しがたい悩みを抱えていたり、考えがまとまらず精神的矛盾や葛藤を感じていたりする可能性があります。また精神的にデリケートになっていて傷つきやすい心理状態を示すこともあります。

描画においてもさまざまな研究で紫は「心神耗弱」「疾病障害」を表す色として解釈されています。

紫は人間の内出血や不健康な状態を表す色であるため、紫に惹きつけられる時は少々注意が必要です。

一方、創造性にはたらきかける効果を持つことから、創作や表現活動において、自分のイメージを開放し、精神的な充足感を得ることを必要としている時にも、紫を好ましく感じます。

ピンクに惹かれる時

ピンク色に好感を抱く場合は、心身ともに健康で幸せに満たされている状態であることがほとんどです。ピンクへの憧れや関心は、夢や向上心に満ちあふれ、それを叶えたい願望を表しているといえます。

ピンクは優しく柔らかい色であるため、心理的な脅威とは無縁の色です。それは心理的な甘えや依存とも関連しており、危険や苦労にさらされることのない環境を求める心理を表します。さらにピンクは、自分に対する愛情や励まし、保護を求めていたり、周りに注目されて賞賛されたい陶酔願望を示す色でもあります。

また、人に対して思いやりを持って接したいと思う時にも好ましく感じられます。

穏やかな色であるため、苛立ちや攻撃心を解消したい時、肩の力を抜いてリラックスしたい時にも求める可能性があります。

ピンクは若々しさと甘さ、ロマンスと結びつく色でもあるため、恋愛に対する関心が高い時にも惹かれやすい色といえます。

茶色に惹かれる時

実りと安定感を示す茶色に惹かれる時は、自分の欲求が叶えられず、空しさや喪失感を抱えている可能性があります。

時に茶色は広大な砂漠のように乾いたイメージを想起させ、この色への共感的な感情は、心理的な飢餓感と渇望を意味します。その反面、充実感を持つ色であるため、充足感と満足感を得たい時にも心地よく感じられます。

茶色は環境的に不安定な状況に置かれ、安心できる居場所を欲している時にも求めたくなる色です。安息とくつろぎが欲しいと願っている時、大地の色である茶色は心に安心感を与えてくれるのです。

また、古さと頑固さを表す色であることから、変化や改革を受け入れられない時にも好ましく感じます。

茶色は新しいことを取り入れたりチャレンジすることよりも、現状を維持したい気持ちに最も一致する色なのです。

白に惹かれる時

　すべてを照らし出す明るさと新しさの要素を持つ白は、新しいチャレンジや目標、スタートへと向かおうとする気持ち、失敗からの立ち直りとリセット願望を表します。

　最も純粋で完全な色であるため、完璧な状態を示し、気高い理想と自尊心を抱き、高みを目指したいと思う時に惹かれやすくなります。

　汚れのないこの色に惹きつけられるのは、自分に厳しくありたいという思いが強くなっている時でもあります。

　何にも染まっていない白は余計なものをすべて排除して、シンプルに潔く生きたい気持ちを示すこともあります。「原点」や「素」の状態を意味することから、「本来の自分らしさ」を取り戻したい、「素直な自分の気持ち」と向き合いたいと感じている時にも好ましく感じられます。

　色みを持たない白の性質は空虚さやうつろな心理とも関連しており、自己否定感と結びつくこともあります。何事にも関心を持てず、無気力、無関心に陥っている時も惹かれやすくなる色です。

グレーに惹かれる時

　「不安」や「憂うつ」を代弁するグレーは、悩みや心配事を抱えた心理状態と結びつく色です。気持ちが不安定な時、何事にも消極的な時、抑うつ的な状態を示しているといえます。

　その不透明さは、解決しない長期的な悩み、自分が抱えている問題から目を背けたいという心理状態を表します。また、今の自分が迷路に置き去りにされた状況のように感じている可能性もあります。

心を落ち着けたい、感情を露わにしたくない、明確な意思表明を避けたい時も、控えめで主張しない性質を持つグレーに惹かれやすくなります。

周囲に溶け込みやすく、目立たず地味な色であるため、平穏に過ごしたい時、安心感を得たい時にも求める色です。

刺激が少なく、感情を呼び起こす力を持たないグレーは、体調不良の状態、気力の低下、塞ぎ込んだ気分の時にも好ましく感じられます。悩んでいることを人には悟られたくない気持ちを表す場合もあります。

▧ 黒に惹かれる時

黒に好感を持つ時は、自己防衛的な心理がはたらいている可能性があります。光を吸収してブロックする色であるため、心理的な「拒否感」や「拒絶」

を表します。

他人の意見を受け入れたくない時、構ってほしくない時、周囲に惑わされず自分の信念や意思を貫き通したいという思いを強く持っている時に惹かれやすい色です。

強いストレス、プレッシャーに打ち勝ちたいという思いを持つ状況に置かれている場合にも好ましく感じられます。そのため抵抗や反抗心を意味することもあります。

黒は精神的にも肉体的にも厳しく、ギリギリであると感じている状況を示す場合もあります。

また抑圧的な黒は、自分の内のさまざまな感情を閉じ込めて、自分を保とうとする時に心強く感じられます。

人との距離を遠ざけて、外界の刺激をシャットアウトして、エネルギーを充電したいと感じる時にも求める傾向があります。

色を使ったアートセラピーで自分を理解しよう

自分の感情や状態を理解するための、色を使ったアートセラピーを紹介します。

▨ 芸術療法とは

　色は心理状態を示すバロメーターでもあることはこれまですでに説明しましたが、メンタルケアにも応用することができ、精神のバランスを調整する手助けとなります。

　最近では広く知られている芸術療法も、溜め込んだストレスや抑圧している感情のアウトプットを促し、自分の考えを整理し思考をはっきりさせて、心の状態を良い方向へと導く効果があります。

　芸術療法はアートセラピーとも呼ばれ、簡単にいえばその人の中にある感情や状況を表現することで浄化し癒されていくというものです。特に絵画療法が知られていますが、その他に音楽、ダンス、造形、詩や俳句なども含まれます。色は絵画療法の一部といえますが、塗り絵もこれに含まれます。

▨ 色を塗ることで得られる効果

　ここで紹介したいのが、私がこれまでに 20 年以上行ってきた、講座の受

代表的な芸術療法

絵 画 療 法
絵を描いたり色を塗ったりする。

音 楽 療 法
歌ったり演奏したり
音楽を聴いたりする。

造 形 療 法
粘土細工、陶芸、彫刻など
何かをつくる。

箱 庭 療 法
砂の入った箱の中に
ミニチュアを置く。

ダ ン ス 療 法
踊ったり体を動かしたりする。

講者や高齢者施設の入居者を対象に、感情や今抱えている思いを色で表現してもらう「カラーワーク」です。

　カラーワークでは、色を通して普段言いたくても言えないこと、現在感じ

ているストレス、現在の調子の良し悪しを汲み取ることができます。

ワークの参加者からは、「言葉ではうまく説明できない心の状態も色に託すと表現がしやすい」、「気分がすっきりした」、「自分では気づかなかった心の問題に気づくきっかけができた」という感想がよく聞かれます。最近では「自分がやりたくないことを義務的にやっていたことに気がついた。それがわかって心のわだかまりが溶けた」というコメントが印象的でした。

カラーワークは基本的に、シートのテーマに書かれた言葉にぴったりとくる色を選んで自由に着色をしてもらい、色を話題にして対話をしながら行います。色をイメージすることは創造性にはたらきかけ、楽しみながら取り組むことができます。

多くの研究によると、人は創造性を発揮すると気分が高揚することがわかっています。そうすることによって、自分の否定的な感情をより肯定的なものに変えることができるからです。

オランダのライデン大学の研究者が実施した臨床試験によると、アートセラピーは不安な感情を軽減し、ポジティブなことに集中できるようになる可能性があるとしています。また創造的な活動はドーパミンの増加につながり、幸福感を高めるはたらきがあることも示唆されています。

カラーワークを試してみよう

［マッピングカラーワーク］

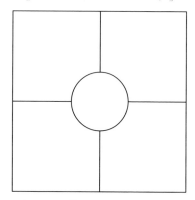

それぞれの枠に色を塗ってみよう。
● 画材は特に決まりはないが、色鉛筆が一番適している。
● 使う色は、赤・オレンジ・黄色・緑・水色・青・紫・ピンク・茶色・白・グレー・黒の 12 色。
● 円の中心には、今自分が最も心が惹かれる色、気になる色を塗る。その外側の枠には、直感的に選んだ色を塗る。

→解説は 156 ページ。

心理学者の M. グリュンワルド、パルヴァー、コッホの「空間象徴」を応用して、メンタルケアと状態分析のために筆者がオリジナルで考案したカラーワーク。深層心理を分析する「投影樹木画法」の解釈を元にしている。

最近では、ニュージーランドのオタゴ大学の心理学研究者が、成人が 1 日 10 分間だけ色を塗ることで、明らかに心の健康状態が改善されることを

報告しています。

論文の著者である J. フレット氏は、「カラーリング（色を塗ること）はマインドフルネスまたは瞑想状態を引き起こし、扁桃体の活動の低下や脳波活動の変化に関連するとしばしば示唆されています」と述べています。

加えて 18 歳から 36 歳までの 115 人の女性の被験者のうち、数独などの他のマインドゲームではなく、タスクで 1 週間の塗り絵を割り当てられた人は、うつ病や不安症状のレベルが低かったと報告されています。

論文の共著者の T. コナー博士は、線の内側に色を塗るだけでも、ストレスを感じた心を落ち着かせるクリエイティブな試みとして十分であると述べています。

色は私たちの心を代弁し、色を塗って視覚化することで、心の状態を浮き彫りにして自己理解を促すツールなのです。

▪▪ 現在までに確認されている芸術療法におけるビジュアルアート（視覚芸術）の効果

著者	調査対象	調査結果
レイノルズ、プライアー （2003）	慢性疾患患者	仕事で感じるストレスや空隙を埋め、病気で生じる注意散漫な考えを減少させた。悲しみの表現は前向きな考え方をもたらし、コミュニケーション力を高める。
ロス、ホレン、フィッツジェラルド （2004）	血液透析患者	ストレスと不安の軽減。ポジティブな感情が高まる。
プイグ、リー、グッドウィン、シェラード （2006）	乳がん患者	ネガティブな感情を減らし、ポジティブな感情を増やすことで幸福度が向上する。
ナイニス、ラトナー、ワース、ライ、ショット （2006）	がん患者	苦痛と否定的な感情の減少。
レイノルズ、リム （2007）	がん患者	ポジティブな人生経験、自尊心、社会的アイデンティティに対する焦点の向上。
サモライ （2006）	外傷患者	ストレスや共感疲労の症状の減少、癒し、幸福、目的意識の向上。

■■ マッピングカラーワークで選んだ色の意味

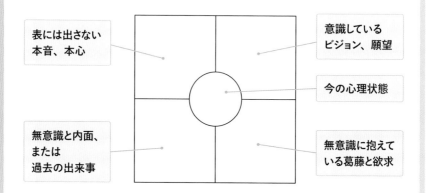

使った色	心理的意味
赤	自己主張、意欲旺盛、愛情、興奮、衝動的、攻撃的、不満、憤り、怒り、
橙	元気、陽気な気分、活動的、心身健康、社交希求、開放欲求、混乱、苛立ち
黄	希望、楽しい、朗らかな気分、自己肯定、友情、好奇心、愛情希求、孤独感、依存
緑	回復願望、癒されたい・リラックスしたい気分、休息欲求、ストレス、疲労
青	自己抑制、慎重、不安、無力感、気力低下、束縛、悲哀、あきらめ
紫	葛藤、強いストレス、不安定、不安感、疲労困憊、体力低下、安息願望
ピンク	幸福感、健康、素直、回帰願望、依存的
茶	安定欲求、苦労、飢餓感、欲求不満、嫉妬
白	リセット願望、反省心、警戒心、無気力
灰	倦怠感、悩み、不安、落ち込み、悲哀、体力低下
黒	自己防衛心、強いストレス、感情の抑圧、恐怖心、不安感、強い意思

その色を拒否する時の心理状態を知ろう

不快に感じる色は心理状態を知るとともに、不調を知らせるシグナルとなります。

心の傷を表す色彩恐怖症

世の中にはさまざまな恐怖症と呼ばれる種類のものがあります。

広く知られているのは、高所恐怖症、先端恐怖症、閉所恐怖症などですが、あまり知られていない特異な恐怖症もあります。たとえば、蜂の巣や蓮の花托、コーヒーの泡など、小さな丸や穴の集合体に恐怖心や嫌悪感を抱くトライポフォビア（集合体恐怖症）。心当たりのある方もいるのではないでしょうか。

そして意外に思われるかもしれませんが、恐怖症には色に恐怖を感じる「色彩恐怖症」という症状も存在します。

つまり、色を見ると非常に強い嫌悪感や恐怖感を覚えるという症候です。重度になると通常の日常生活を送れなくなり、引きこもりがちの毎日を送らざるを得なくなるケースもあるようです。

色彩恐怖症について、いくつか事例を紹介しましょう。

Case 1

小さい頃から「色」が苦手で、単色の場合は恐ろしくは感じないが、柄物（ボーダーやドット）などの色が怖く、カラフルな柄物の壁紙、ステンドグラスなどは恐ろしくて仕方ない。特に黒地×色を見るのが苦痛に感じる。外出先では1人でお手洗いに行くことさえできないことが多く、生活に支障があるので悩んでいる。

Case 2

小さい頃から濃いピンク色を見るだけで気分が悪くなったり吐きそうになったりすることがたびたびある。たとえば紅白かまぼこのピンク色の部分や、濃いピンクの服や口紅など、対象は言い出したらきりがないほど多い。濃いピンク色のものに触るのも、近づくのも怖い。薄いピンクやサーモンピンクなら全然問題はない。

Case 3

飲料のふたにあるような緑色が苦手。

どの色にどの程度の恐怖を抱くかはケースによってまったく異なる。単独の色に
対して恐怖を抱くケースもあれば、色の組み合わせに恐怖を抱くケースもある。

この色を見るとなぜか頭痛と吐き気を覚えるので、自分でも不思議に思っていた。多分子どもの頃、体調が悪い時にその色を見たのが原因なのではないかと思うが、詳しい理由はわからない。

Case 4

小さな頃から朱色を目にするたびに動悸がして、説明のつかない嫌な感じを覚える。朱色が使われた壁画を見ていたら、体調が悪くなり嘔吐してしまったことがある。

Case 5

小さい頃から青い色が嫌い。ブルーは日本以外でも多くの国で好まれる色だというのは知っているが、自分にはぞっとする色である。テレビ番組のドキュメントなどで深海のようすなどが映し出されると怖くて仕方がない。映画の「グランブルー」のように青い海

に魅かれる人の気持ちが信じられない。子どもの時に水におぼれた体験はなく、6年間水泳に通っていた。

■ 黄色に対する例が多い

どの色にどんなふうに恐怖を抱くかは人それぞれでケースバイケースですが、恐怖症になりやすい色として黄色が最も多く挙げられています。

そのため、「色彩恐怖症」というよりは、「黄色恐怖症」と呼ばれることもあります。黄色いものを見ると恐怖心を抱く、動悸がする、吐き気がする、口が渇く、身体が震えるというものです。悪化すると、「黄色」という言葉を見聞きしただけでもパニックを起こしてしまう場合があるのです。

黄色い服を着た人に怒鳴られた、黄色い服を着た人に追いかけられた、黄色が目立つ場所で迷子になってしまった、黄色い虫に刺された……こういっ

た経験がトラウマになり黄色恐怖症になってしまう可能性が考えられます。

　実際、私も講演後の質疑応答で、黄色と虫の関連性について質問を受けたことがありますが、その方は海外に住んでいた頃、黄色い服を着ていたら虫がたくさん寄ってきたという経験が多々あり、それ以来黄色自体に恐怖感を持つようになってしまったとのことでした。

　黄色というのは警告色でもあり、自然界では毒を持っている生き物は黄色と黒の模様のものが多いのも事実です。そういう意味で考えると、警告色としての黄色に、潜在意識や本能的に脅威を感じても不思議ではありません。

　黄色に関しての拒否反応は、岩井寛氏の著書『色と形の深層心理』でも紹介されています。黄色を見ると怒りが込み上げ、妻の黄色い服を見れば切り裂きたくなる、見ず知らずの女性でも突き飛ばしたくなる衝動に駆られるという、男性の話です。

　男性の過去を紐解き明らかになったのは、手痛い失恋でした。彼にはかつて激しい愛情を抱き、周囲の反対を押し切り、結婚を誓い合った女性がいました。ところが彼女は次第にその思いを負担に感じるようになり、別れるために約束の時間にわざと遅れ、他の男性とのデートを見せつけました。その時彼女が着ていたのは黄色いワンピースでした。

　男性にはそれ以降ずっと抑圧されたトラウマが残り、それが黄色い服の女性に激しく反応するという形で表れてしまったのです。

　黄色以外ではオレンジ色のケースがあります、L. チェスキンの著書『役立つ色彩』では、オレンジ色を見ると

虫が苦手な人は要注意！ 昆虫を引き寄せる色

虫が寄ってきているイエローパン・トラップ。
写真提供：嵐山町教育委員会

黄色は昆虫が好む色とされ、日中は昆虫を引き寄せてしまうことがある。また黄色いボディーカラーの車にも虫が集まりやすいことが明らかになっている。虫が苦手な人は黄色を身につけないよう注意しよう。野外で昆虫を捕獲するためのパン・トラップ（水盤トラップ）も、黄色が最も多数の種類と個数の虫を捕獲できる色とされている。

ヒステリーを起こす少年の例を紹介しています。

少年が登校拒否を起こし、けいれんの発作まで起こした原因は、かぼちゃの絵を描く美術の授業で受けたトラウマにありました。欠席によって絵の具の使い方がわからず、絵を描くのにとまどっていたら、教師は描きあげるまで帰ることを許さず、泣き出すと激しく叱責し、彼の母親の前でも非難したのです。その時に受けた心の傷が元となり、少年はかぼちゃと同じオレンジ色を見るとヒステリーを起こすようになってしまったのだといいます。

色と形への反応から精神状態を分析するロールシャッハ・テストでも、カラープロットの特定の色を見て「カラーショック」と呼ばれる激しい情緒的混乱状態に陥ることがあります。テストでは赤に対して反応する人は情緒的でヒステリー的傾向があり、黒からショックを受けるのは権威に対する葛藤から不安に陥っているためだと考えられています。

避けたい色は不調のシグナル

このように、色彩恐怖症は基本的には過去の経験がきっかけとなっているケースが多いため、過去にさかのぼって心理的なアプローチを行うことで、症状は改善されやすくなるといわれています。

■ ロールシャッハ・テスト

1921年にスイスの精神科医H・ロールシャッハが考案した性格検査法。左右対称の10枚のインク・プロットを1枚ずつ提示して「何に見えるか」「どう感じるか」という問いに答えてもらい、その反応の結果を点数化することにより性格の構造やパーソナリティを分析するもの。

色彩恐怖症までいかなくても、自分自身の色との関わりの経験として、特定の色に対して嫌な感覚を持ったり、避けたいと感じたりしたことはありませんか？

これは、身体がその色の刺激を必要としていない場合か、精神的に色の持つ特性、特徴を回避したいという状態であることを示しています。

もともとそうではなかったのに、近頃見ていて不快に感じる色があるならば、それはあなたの精神と肉体の不調のシグナルを知らせるサインなのだと思ってください。

先に説明した惹かれる色だけでなく、避けたい色も心身の状態を反映するものであり、自分自身の健康状態を把握するために大切な要素なのです。その色を拒否する時、それぞれどのような状態であるか簡単に説明しましょう。

■ 赤を拒否する時

体力的にはエネルギーが不足している。強い刺激や緊張、価値観を押しつけられたり、強制させられたりすることに疲れている。怒りや攻撃的な感情、敵意、人との対立、競争に辟易している。自分が主体となって物事を推し進めることに負担を感じている。気を張って頑張ること、奮闘しなければならないことに疲れを感じている。

■ オレンジを拒否する時

本音と建前の使い分けに嫌気が差している。積極的で活発な行動、アクションを起こすのが億劫である。堅苦しく気詰まりで窮屈な状況や環境から逃げたい。無理しなくてはならない状況や環境を辛いと感じている。余計なお節介と干渉、押しつけがましい人間関係が鬱陶しいと思っている。肉体的には活気が失せている。

■ 黄色を拒否する時

計画性がない、まとまりのない状況を打破したいと思っている。人の都合に振り回されるのに疲れている。自由に行動することに後ろめたさを感じている。新しいこと、これまでに経験したことがない、未知の世界に踏み出して冒険するのを恐れている。神経的に疲労していて、身体のエネルギーが不足している。

■ 緑を拒否する時

体調的に特に不調は感じていないが、あれこれと気遣いが必要な状況や環境、人間関係に疲れを感じている。はっきりと決着しない優柔不断で中途半端な状況に嫌気が差している。常に動いていなければならないと思っており、休息することに罪悪感を持っている。常識や良識にとらわれることを嫌だと思っている。

■ 水色を拒否する時

変化が多く安定しない状況や環境に不安を抱いている。柔軟性や臨機応変さを求められる状況や環境、人間関係に負担を感じている。新しい物事へのチャレンジ、新規開拓することに否定感がある。考えや方針を変えること。方向転換することについて否定的である。

■ 青を拒否する時

やりたいことを諦めなければならない状況に不満を抱いている。行動を制限、または束縛する状況や環境、人間関係から逃れたい。刺激のない状況、発展性のない環境。批判されること、否定されること、評価や判定を下されることに嫌気が差している。

■■ 紫を拒否する時

活力があり、自信に満ちている。根拠のない不確かな事柄、物事に不信感を抱いている。一貫性がなく、不安定な状況や環境を避けたいと思っている。こんがらがった状況や環境、複雑な人間関係に嫌気が差している。人のために尽くさなければならない自己犠牲的な状況を打破したいと考えている。

■■ ピンクを拒否する時

健康に対する心配はそれほど感じていない。人に甘えること、頼ること、依存することを避けたいと思っている。夢ばかりで現実が伴わない状況に不満を抱いている。自分に対する甘やかしや自立できない弱さに不満を持っている。人に媚を売るような言動は避けたい。恋愛に興味が持てない。

■■ 茶色を拒否する時

エネルギーに満ちあふれており、立ち止まって休むこと、のんびり休息する必要がなく、退屈で刺激がなく飽き飽きする状況や環境、人とのしがらみにうんざりしている。発展性や変化のない行き詰った状況や環境、物事に苛立っている。過去にとらわれたくないと考えている。

□□ 白を拒否する時

心身ともにパワー不足気味である。自分の本音や本心を明らかにすること、隠していることの表面化、顕在化を恐れている。コンプレックス、自信のなさを認めたくない。レベルの高い物事へのチャレンジは避けたいと思っている。現実が伴わない理想論だけの綺麗事にうんざりしている。

■■ 灰色を拒否する時

活力があり健康である。曖昧ではっきりしない状況や出来事に不満を抱いている。自分の主張ができない、個性が発揮できない環境にストレスを感じている。人に従い、協調性を強いられるのは苦痛だと思っている。

■■ 黒を拒否する時

健全な状態である。凝り固まることを恐れている。絶対的で覆すことのできない人間関係や、環境を覆したいと思っている。自分の行動を制限し、妨害する状況や環境、存在に縛られたくないと感じている。自分にプレッシャーを与える存在や状況、環境、物事に反感を抱いている。

色の使われ方と
その効果

食・衣編

酸っぱいのはどんな色?
視覚と味覚の関係

甘い、酸っぱい、辛いといった私たちの味覚は見た目の色に大きな影響を受けます。

色に味覚が左右される!?

第5章、第6章では、私たちの生活においてどのように色が使われ、そこにはどのような意味があるのか、具体的な例を挙げながら解説していきます。まず本章では、食や健康、衣服に関する色の研究や事例、傾向などを説明しましょう。

食べ物の色は、私たちの味覚に直接的にはたらきかけます。

たとえば、かき氷のシロップは、基本的にすべて「果糖ブドウ糖液」でつくられているため、ほぼ同じ味になります。ですが、このシロップに「着色料」と「香料」を加えるだけで、私たちはまったく違った味だと認識してしまいます。赤色とイチゴ風の香料を加えればイチゴ味に、緑色とメロン風の香料を加えればメロン味に、黄色とレモン風の香料でレモン味に、青色と柑橘風味の香料でブルーハワイの味になるのです。

また、興味深い事例として、2001年に実施されたフランスのボルドー大学醸造学部の学生を対象とした実験があります。実験では同学部の男子学生27名、女子学生27名に赤ワインと白ワインの香りを嗅いでもらい、どのような風味がするのかを質問したところ、赤ワインはカシス、ブラックベリー、タンニンの風味、白ワインは柑橘系、アーモンドの風味などの回答でした。

次に、白ワインに無味無臭の赤い着色料を混ぜて、見た目を赤ワインと区別がつかないようにして同じ質問をしたところ、味を表すコメントには赤ワインで回答された風味を表す言葉が圧倒的に多かったといいます。

味わいや風味は嗅覚の影響も大きく関わりますが、この研究調査では嗅覚の情報を処理する速度は視覚の約10倍(40ミリ/秒に対して400ミリ/秒)遅く、脳の味を感じるプロセスにおいて視覚が優先すると報告しています。

このように、視覚と味覚、視覚と聴覚など、本来は別々とされるいくつか

の異なる知覚が互いに影響をもたらすことを「クロスモーダル効果（現象）」といいます。

どの色にどの味を感じるのか

さて、では私たちは、どんな色にどのような味を感じるのでしょうか。第2章で少し紹介しましたが、私が2003年〜2019年まで講師を務めた、明治大学公開講座の「色彩心理講座」で集めたデータから、傾向を分析したいと思います。

《甘さを感じる色》

和菓子やフルーツを連想させる**ピンクや明るい赤**、**サーモンピンク**が心理的に最も甘さを伝えます。**クリーム色**もカスタードなどの味に関連しています。これらの色と同時に白を使うとほんのりした甘さに感じられます。

《酸っぱさを感じる色》

レモン、ライム、みかんなどの柑橘類に関連した黄色を中心とした色、**黄緑、オレンジ系**の色が酸味を感じさせます。柑橘系以外では酢の風味を強調するはたらきもあります。爽やかでフレッシュな味と香りのイメージも伝えます。

《スパイシーさを感じる色》

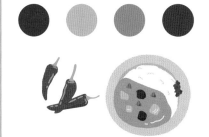

辛さを強調する色は赤を中心とした**オレンジ系や暖色系の刺激的な色**です。赤は唐辛子やタバスコ、辛さに伴う熱をイメージさせ、オレンジや黄色系はカレー粉などのスパイス、辛子やマスタードの辛さを連想させます。

≪しょっぱさを感じる色≫

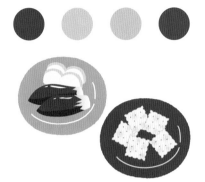

直接の食材の色ではありませんが、これらの色が使われた食料品のパッケージは、塩味を連想させます。明るいグレー、濃い青、灰みの青などがその代表です。いかの塩辛、甘じょっぱいスイーツなどに多く使われています。料理では食器の色に用いると、塩気を強く感じさせるはたらきがあります。

≪さっぱりした味を感じる色≫

白や淡い色の分量を多くするとさっぱりした味わいを感じさせます。また青い絵のついた食器に盛り付けるとさっぱりした印象が高まります。他にも野菜などのグリーンなどをあしらうと、さらにさっぱりしたイメージを与えられます。

≪コクを感じる色≫

茶色や小豆色など色の濃い色を2色以上使うと濃厚な味をイメージさせます。シチューやソースなどを連想させて、味に深みがあるように感じられます。また茶色はチョコレートのような味とも関連しています。黒も同様で黒砂糖のようなコクや甘みを感じさせる効果があります。

≪まろやかさを感じる色≫

ベージュ、クリーム、茶色などの温かみがありソフトな印象の色は、味覚的になめらか、まろやか、マイルドな味わいを感じさせます。コーヒーにクリームをたっぷり加えたような、刺激のない柔らかな色が、舌触りの良さを連想させます。

≪香ばしさを感じる色≫

主に香ばしさは濃い黄色やオレンジ、茶系統の色によって伝えられます。食べ物を煎ったり焼いたりした香り、せんべい、トースト、焼いた肉や魚などのイメージによるものです。焼き物料理は茶色が足りないと香ばしさが半減して感じられます。

≪苦みを感じる色≫

苦みを感じるのは焦げた食品やブラックコーヒー、カカオ、ゴーヤ、お茶などを連想させる焦げ茶や暗い緑系、黒などです。本来苦みは毒物のシグナルであるため、子どものうちは拒否反応を示しますが、大人になると美味しく感じられるようになります。苦みは料理の味わいを奥深いものにするため、大人の料理を演出したいときに向いています。

167

食材の色によって
食欲や気分も変わる

食材の色には食欲だけでなく幸せな気分にさせる色があるという調査結果があります。

▨ 食欲が湧く色・減退する色

　食欲を湧かせる色は、一般的に赤や橙、茶色などの暖色系といわれています。しかしなぜ、暖色系が私たちの食欲をそそるのでしょうか。

　それはやはり、自然界の中でも食べ物の色として多い色である、というのが一番の理由です。特に赤などの暖色系は、人類の祖先が主食としていた果実が熟した色です。人類の色覚が発達したのは食べられるものを識別するためでもあったため、果実の色に多い暖色系の食べ物の色は、私たちの食欲を無条件に掻き立てるのです。

　茶色は単体ではそれほど美味しそうに見えないように思えますが、実際には調理した状態の食べ物の色であり、香ばしさも感じさせて食欲を喚起します。

　反対に食欲を減退させるのは、青をはじめとする寒色系です。これらはカビや毒物の色に多い色です。青系の食べ物といえば、ブルーベリー、海老の卵、青魚の色くらいで、食べられる青

食欲を刺激する色は？

食欲を刺激する色は、赤や橙、茶色などの暖色系の色。

食欲が減退する色は、青、青紫、青緑などの寒色系の色や灰色。

は滅多に存在しません。そのため青系の色の食べ物は、命を危険にさらすことを私たちは本能的に理解しており、自然と拒否してしまうのです。

他にも鮮やかなピンクは、加工肉や人工保存料を連想させて食欲が湧きにくい色になります。グレーも食欲をそそりません。灰色の食べ物も寒色系の色と同様、食べ物の色としては極めて少ないためです。

■ 心を幸福にする食べ物の色

毎日を過ごす中で、食事は喜びを得られる最も手っ取り早い手段ですが、その幸福度を増す色があることが最近の研究によって明らかにされています。

2016年のギリシャのメトロ誌では、黄色い食べ物を食べると、幸せを感じられるホルモンが他の色の食べ物よりも多く放出されるという、イギリスの「The Happy Egg Company」が行った調査結果を報じています。

この調査によると、幅広い年齢層の被験者1000人を対象に、数十種類の食べ物を並べて食べてもらい脳の反応を測定したところ、食品の色と幸福感について質問すると、黄色に対する応答時間が他の色に比べて31％速かったといいます。さらに70％の被験者は黄色い食べ物を食べると「明るい気分」になると答えており、黄色の食べ物が前向きな感情を呼び起こす結果となっています。

前章の黄色のイメージと効果でも説明したように、光を象徴する黄色は私たちにとって喜びと関連しており、前向きな感情や活気をもたらすことからも納得できると思います。

■ 幸せな気分になるとされる黄色い食べ物 TOP 5

イギリス「The Happy Egg Company」の調査では、次の5つのメニューが幸せを感じる TOP 5 と報告されている。

1. オムレツ
2. マカロニ＆チーズ
3. パンケーキ
4. ポーチドエッグ
5. レモンケーキ

卵やチーズには幸せな気分と精神の安定をもたらす「セロトニン」を生成する「トリプトファン」が多く含まれている。沈んだ気分を明るくするにも最適な食材。

料理を美味しく見せる器の色

食器やカトラリー、食事をする空間の色も、私たちの食欲や味覚に影響を与えます。

料理を引き立たせる皿の選び方

何気なく作った料理を、オーソドックスな白い食器に盛り付けて食卓に並べた時、「なんだか彩りがなく味気ない」と思ったことはないでしょうか。白い食器はどんな色にも合うので、日常的に使う機会は多いと思いますが、何も考えず無難だからと使うのはおすすめできません。

料理の色はカラフルな野菜や果物などを使わなければ、基本的に茶色やクリーム色、白などに偏りがちです。色みが鮮やかに見えるほうが料理は美味しく見えるので、器の色は料理と真逆の色（補色）を使うことが、料理を美味しく見せる秘訣です。

たとえば、淡い色の料理の場合、白い皿ではメリハリがつきません。白い皿は繊細で凝った料理であるか、カラフルな料理に使うのが最適です。黒も彩り豊かな料理との相性は抜群です。黒い食器は料理の味わいを引き立ててランクアップさせて見せる効果があり、白い料理では引き立たない淡い色の料理を美味しそうに感じさせます。

また彩りに欠ける料理は、色柄が華やかな器に盛り付けるだけで、見た目が映えて見えるので、料理が苦手な人にはぜひおすすめします。

アットホームな雰囲気の料理に見せるなら、茶系の木製の食器が効果的です。陶磁器よりも素朴で柔和な印象なので、親しみやすく温かみのある食卓が演出できます。木製の食器は明るい色だと気取らない印象に、暗い茶色であれば趣のあるイメージになります。

棚の食器が白ばかりの人は、色のついた器、模様のついたお皿を増やしてみましょう。そうすると白以外のどんな皿を使うかを考えるようになります。実際、白以外の皿を使うようになってから料理好きになり、レパートリーが広がった人はとても多いのです。

食器の色で味が変わる!?

食器の色は料理を美味しく見せて、食卓を華やかに彩る以外に、その味わいすらも変えることがあります。

食器の選び方のヒント

■ 彩り豊かな料理には

白や黒の
食器を選ぶ。

■ 彩りが少ない料理には

色や柄の
華やかな
食器を選ぶ。

■ アットホームな雰囲気を作りたい時は

木製の茶色の
食器を選ぶ。

■ スイーツなど甘みを強調したい時は

黒より白の
食器・カトラリー
を選ぶ。

　たとえばスイーツの甘みは、白と黒の器では違って感じられます。白と黒の器ではどちらが甘く感じられるかといえば、白に軍配が上がります。2012年のオックスフォード大学の報告では、黒い器に比べると白い器のほうが、甘みが10％増して、風味が15％強く感じられるという結果になっています。

　カトラリーの色も、味の感じ方に影響します。こちらも2013年のオックスフォード大学の研究によると、35名の被験者に、赤、青、緑、白、黒の5色の異なる色のスプーンでヨーグルトを食べ比べてもらったところ、白いスプーンで食べた時に甘みが強く、高価な風味に感じられ、青いスプーンで食べた時は実際よりも塩辛く感じられることが確認されています。

　食事は五感をフル活用してこそ、最

大限に楽しむことができます。香りや音などはもちろんのこと、食器やカトラリーの色や後述する空間の色などに気を配ることで、いつもの食事がずっと美味しく感じられるのです。

▨ 食空間には暖色系を

食器やカトラリーの色が味わいに関係するように、食事をする空間の色もまた食欲や味覚に影響を与えます。

ダイニングスペースには温和な暖色系が最も適しており、そこに集う家族や友人との親密さを生み出し、食事の楽しみを共有することができます。温和な暖色系とは、明度の高い赤、オレンジ、ピンク、イエローなどの活気のある朗らかな色です。

2017 年に大手前大学の山下真知子氏らが大学生男女 1076 名を対象とした調査によれば、オレンジと黄色の空間では、甘みが強調され、苦みが抑制されることがわかっています。しかし同じ暖色系でも、赤い空間では甘みも苦みも強調される傾向があるようです。

赤は食空間の見栄えをよく見せる上では必要な色でもあるので、サブカラーやアクセントカラーとして取り入れるとよいでしょう。

▨ 知っておくと便利な「Zの法則」

では、赤の効果的な取り入れ方を紹介しましょう。食空間にしても料理にしても、少量で見た目を華やかにして、心理的な満足感を与える効果がある「赤」は欠かすことができない色です。

食卓や料理の盛り付けでは、赤を左上に置くのが最も効率的です。人間の目はものを見るときに、左上→右上→

▨▨ 空間の色が味の感じ方に与える影響

2017 年の大手前大学の山下氏の研究結果によると、各色の空間で味覚に与える影響は下のようになっている。

■………… 赤い空間では、甘みも苦みも強調される。

■………… 青い空間では、甘み、苦みともに抑制される。

▧………… 橙、黄色の空間では、甘みが強調され、苦みは抑制される。

■………… 緑の空間では、甘みが抑制され、苦みは強調される。

■………… 紫の空間では、甘みが強調され、苦みは抑制される。

※「空間の色彩がヒトの味覚,嗅覚に及ぼす影響に関する研究」山下真知子「日本色彩学会誌/41巻 (2017) 6+号」を元に作成

左下→右下という順に見る習性を持っています。そのため、赤を左上に盛り付けると、食欲を湧かせる色が最初に目に飛び込んできます。

この視線の動きを順番になぞるとアルファベットの「Z」の文字になるので、「Zの視線」と呼ばれ、一流料亭の盛り付けにも用いられています。

料理を美味しく見せる照明の色

ダイニングの照明には一般的にオレンジがかった白熱色が多く使われます。白熱色の下では、「料理が美味しく見える」。これが食卓の照明として選ばれる圧倒的な理由です。

レストランなどでは、やはり白熱色の照明が用いられています。温かみがあり、食材の色を引き立てる上、心をリラックスさせる効果があります。アットホームな雰囲気を演出して、一緒に食事をする人達同士が打ち解け合い、会話も盛り上がりやすくなるのです。

それ以外には、温白色の照明もおすすめです。年齢によっては、白熱色の明るさでは文字の読み書きが大変になる場合もありますが、温白色であればそうしたデメリットを解消できます。空間に温かみも加えられ、料理も美味しそうに見せることができます。

昼白色は色みの偏りがほとんどない色なので、料理の色を損なうことはありませんが、少々味気ない雰囲気や、

照明の色と料理の見え方

照明の色が異なると料理の見え方も違ってくる。

白熱色

温白色

昼光色

※写真はすべてイメージ

しらけた感覚につながる恐れもあります。しかし家族構成や安全面から、十分な明るさを確保したい場合は、選択肢の一環となります。

最も避けたいのは昼光色の照明です。青みを帯びた光は食事の色をくすませて、食欲を湧かせません。くつろぎやリラックスからはほど遠く、むしろ覚醒を促すので、食事を楽しむ雰囲気を演出するのが難しくなります。

ダイエット効果を高めるための色使いのヒント

食欲を抑えるためには食材の色よりも食器やカトラリーの色を工夫しましょう。

赤いアイテムを選ぶと効果的

赤は食事を美味しく感じさせる上で欠かせない色ですが、使うアイテムによっては、食欲を減退させるはたらきがあります。

これまでダイエットには「青」がいいとされ、お皿やテーブルクロスなどに取り入れる方法が推奨されてきました。しかしダイエットには、青い皿よりむしろ赤い皿のほうが効果があることが研究で明らかになっています。

それを裏付けるのが、スイスのバーゼル大学・社会経済心理学部が 2012 年に報告した研究調査です。これはスナック食品と清涼飲料の消費に対する

赤色の影響の調査で、清涼飲料では赤いラベルの付いたカップで飲んだ量は、青いラベルの付いたカップと比べると約 55％少ないことが確認されています。さらに、プリッツェルを青と白と赤いプレートにのせて食べてもらった結果、赤い皿では他の色の皿に比べて、摂取量が約半分であったという結果も判明しています。

2013 年の 6 月に発表された、イギリスのオックスフォード大学の研究でも、赤色の食器は食欲を抑制する傾向があることを突き止めています。研究者は「赤色の食器類は、食物摂取量を減らす必要のある人のために使われる

赤と青、どちらのラベルを選ぶ？

バーゼル大学の調査では、白茶（中国茶のひとつ）、レモンティー、緑茶の味わいでも、青と赤のラベルでの飲む量を比較している。いずれも右に示すように赤の摂取量が少ない結果となっている。

	白茶	レモンティー	緑茶
赤	39.76ml	24.47ml	39.53ml
青	72.50ml	39.67ml	59.54ml

※論文「The color red reduces snack food and soft drink intake 2012 Jan 5.」を元に作成

こともあるかもしれないが、栄養が必要な痩形（やせがた）の人には決して使うべきでない」と述べています。

また、2013年のイタリアのパルマ大学の研究では、赤い皿に盛られたポップコーンとチョコレートチップは、他の色の皿に比べて消費量が有意に少なかったという研究もあります。

赤いカトラリーも同じく、食事の摂取量を減らす効果があります。

■ 色のコントラストもポイント

食器の色と料理のコントラストも食欲のコントロールに役立ちます。

2012年8月に報告されたアメリカのコーネル大学とジョージア工科大学の論文では、赤い皿に赤いソースとパスタを、またはクリーム色のプレートに白いソースのパスタを盛り付けると、食べ過ぎにつながることが指摘されています。研究調査では料理とのコントラストが曖昧な色の皿と、はっきりし

たコントラストの色の皿では、前者のほうが18％多く摂取されることが示されたのです。

この結果は料理を美味しく見せる器の色で述べた話と矛盾するように感じるかもしれません。料理と器の色にコントラストをつけると、確かに美味しそうに見えます。しかしコントラストをつけることで、自分が今どのくらいの量を食べているのかがわかるため、食べ過ぎにならないよう意識がはたらくのもまた事実です。つまりコントラストのある料理と器の組み合わせは、料理を美味しそうに見せながら食べ過ぎを防ぐという一挙両得の結果となる可能性が高いということです。

また、前述のように青みの昼光色は食欲を減退させる効果があるので、食べ過ぎを防ぐ効果があります。ダイエットに取り組むなら、赤い食器を使い、皿と対照的な色の料理を。食欲をそそる白熱電球は避けたほうが賢明です。

ダイエットに効果的な色使い

■ 青より赤の食器、カトラリーを選ぶ

■ 皿と料理の色にコントラストをつける

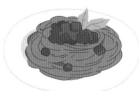

■ 昼光色の照明下で食べる

食材の色は老化を防ぎ健康寿命を延ばす

病気や老化を防ぐためには抗酸化物質を多く含む食材を摂取することが重要です。

■ 体の酸化は病気や老化の要因

食生活において、色は味わいとその美味しさに関わる大切な要素であることをここまで説明してきました。しかしそれだけでなく、色は栄養素と直接関わっており、私たちの健康や老化とも関連しています。

病気、老化の原因は生活習慣、ストレスをはじめ、さまざまな要因がありますが、身体の「酸化」も大きく影響します。

酸化は私たちにとって不可欠である「酸素」によって生じます。呼吸によって体内に取り込んだ酸素の約2％は、通常より活性化した「活性酸素」となります。活性酸素は物質を酸化させる力が非常に強く、増えすぎると肩こりや慢性疲労、肌荒れ、しみ、シワ、動脈硬化、がんなど、さまざまな疾患と老化現象を引き起こします。

人間の身体にはもともと酸化を抑える抗酸化物質が備わっていますが、20代をピークにその物質はどんどん減少していきます。これを補うには、

強い「抗酸化作用」を持った食べ物を摂取することが最も効果的です。

■ 抗酸化物質を摂取して酸化を防ぐ

抗酸化物質をたくさん含む食材を見分ける重要なポイントは「色」です。

野菜、果物の色をつくる「色素」は主に「抗酸化物質」によって作られています。なぜ野菜や果物が抗酸化物質である色素を持っているのかというと、植物が光合成を行うときには大量の酸素が発生します。ここで生じる活性酸素は植物自体にダメージを与えるため、それを防ぐ色素を作り出し、防御するというしくみが生まれたのです。

色の薄い淡色野菜は、身体の免疫システムを活性化させる傾向があります。これに対して濃く鮮やかな色の野菜、果物は、紫外線を防ぎ、活性酸素を除去する「抗酸化作用」と「ビタミン」を多く含んでいます。

特に「緑色」の野菜類は、アンチエイジング効果に優れています。まず肌や粘膜を強化して肌荒れを防ぎ、髪の

抗酸化物質を多く含む食材

■ βカロチンを多く含む食べ物

ホウレンソウ、ピーマン、にんじん、かぼちゃ、
トマトなど

■ ビタミンCを多く含む食べ物

パプリカ、じゃがいも、ブロッコリー、イチゴ、
キウイなど

■ ポリフェノールを多く含む食べ物

ブルーベリー、ぶどう、なす、赤ワインなど

■ アスタキサンチンを多く含む食べ物

サケ、カニ、エビ、いくら、タイなど

毛を美しくするはたらきを持つ「βカロチン」が豊富に含まれています。緑色の色素「ポリフェノール」には、がんや心疾患、脳血管疾患のリスクを約50％低下させる効果があることも認められています。

またカテキンとビタミンCを多く含む緑茶も、1日5杯以上飲むと脳梗塞による死亡リスクが1日1杯未満の人に比べて男性では42％、女性では62％減少すると、東北大学大学院医学研究科の調査でも明らかにされています。

野菜、果物以外では、サケやいくら、カニ、エビなどに含まれる「赤」を摂りましょう。この赤色は「アスタキサンチン」という色素で、強力な抗酸化力、抗炎症作用を持っており、ビタミンCの6000倍、ビタミンEの1000倍の抗酸化作用が認められています。さらにビタミンDを多く含むため、骨粗しょう症予防にも効果的です。

寿命に関わる食べ物の色

　食べ物の色は、「健康寿命」にもおおいに関わります。健康寿命とは、健康上の問題によって、日常生活が制限されずに暮らせる期間のことです。食べ物にさまざまな色を取り入れれば、自然と栄養バランスも整いますし、食卓の彩りもよくなります。基本的には5色を取り入れるのが理想です。

　栄養素としては、5大栄養素といわれるたんぱく質、脂質、炭水化物、ビタミン、ミネラルをバランスよく摂るのはもちろんですが、さらに第6の栄養素である食物繊維、そして近年注目を集めている、第7の栄養素「フィトケミカル」は、健康寿命を延ばすことに、特に効果を発揮します。

フィトケミカルとは？

　フィトケミカルとは、「植物が作り

■ 赤・橙系のフィトケミカル

・リコピン
　強い抗酸化作用があり、細胞の老化予防、血流の改善やアンチエイジング効果、がんなどの生活習慣病の予防作用がある。
　含まれる食材：トマト、すいか、金時にんじんなど

・βカロチン
　強い抗酸化作用があり、皮膚や粘膜の強化、免疫力の強化、視力の維持などの効果がある。
　含まれる食材：かぼちゃ、にんじんなどの緑黄色野菜、みかんなどの柑橘類

■ 黄系のフィトケミカル

・フラボノイド
　ポリフェノールの一種で、抗酸化作用、免疫を整える、血液をさらさらにするなどの効果がある。
　含まれる食材：たまねぎ、大豆、レモンなどの柑橘類、緑茶など

■ 緑系のフィトケミカル

・クロロフィル
　植物や藻類に含まれる葉緑素で、不要な物質を排出する。抗酸化作用が強く、がん予防、デトックス、消臭・殺菌効果、免疫力の強化などに効果的。
　含まれる食材：ほうれんそう、パセリ、ニラ、ブロッコリー、ピーマン、小松菜など

出す化学物質」のことで、「ファイトケミカル」とも呼ばれます。

　この物質は、野菜や果物が持つ色素、香り、アク、苦みなどの成分に含まれています。色素には、優れた抗酸化力を持つ「リコピン」、「ポリフェノール」、「フラボノイド」、「クロロフィル」などがあり、植物は活性酸素によるダメージから身を守るために、これらのオリジナル成分を自ら作り出しているのです。

　野菜や果物がカラフルなのは、このように自ら色素を作り出したためです。フィトケミカルの種類は数千種類以上に及び、ひとつの野菜や果物に複数のフィトケミカルが存在することもあります。

　主なフィトケミカルについて簡単にまとめておきます。

■ 紫系のフィトケミカル

・アントシアニン
ポリフェノールの一種で、抗酸化作用、血管と血糖の調整を行う、加齢による視力低下予防、心疾患のリスク低下、抗炎症作用、高血圧予防などに効果がある。
含まれる食材：ブルーベリー、プルーン、ぶどう、なす、紫芋、紫キャベツ、黒豆など

■ 白系のフィトケミカル

・イソチオシアネート
大根などをすりおろした辛味成分や、苦みのある野菜などに含まれる。抗酸化作用、抗炎症作用があり、消化酵素が含まれ、コレステロール調整や血液をさらさらにする効果がある。
含まれる食材：大根、白菜、かぶなどアブラナ科の野菜

■ 黒系のフィトケミカル

・クロロゲン酸
ごぼうなどの野菜の切り口を黒く変色させる成分。ポリフェノールの一種としても知られる。抗酸化作用があり、がん予防、血圧調整、血糖調整、糖尿病予防効果などがある。
含まれる食材：コーヒー、ごぼう、じゃがいも、なす、りんごなど

体を温める食べ物の色と体を冷やす食べ物の色

健康を保つために赤や茶色、黒などの体を温める色の食材を積極的に摂取しましょう。

健康を保つために冷えは禁物

ここ数年、商業施設や飲食店に入店する際には検温を受けることが多くなり、自分の体温を知る機会が増えました。あなたの平均体温は何度くらいでしょうか。

人間の体温は 36.5℃以上でさまざまな機能が正常にはたらくようにできています。体が冷えていると体内酵素のはたらき、新陳代謝、免疫力の低下を引き起こします。つまり健康に留意するならば、体温を高めるように心掛ける必要があるということです。

そのためには食生活が重要であり、やはりここでも「色」を抜きにして語ることができません。

私たちが食べるものには、体を冷やす性質と温める性質の両方が存在し、それは色で見分けることができます。

冷え改善には暖色系、茶色、黒

基本的に体を温めるはたらきを持つのは赤、黄、オレンジなどの暖色系と、濃い色の食材、そして茶色や黒です。

とりわけ赤、茶色、黒の食材は冷え改善に役立つ食材が豊富にあります。

たとえば、にんじん、じゃがいも、ごぼう、レンコン、かぼちゃなどがあり、温性の性質を持つ根野菜に多くみられます。

また黒い食材には黒砂糖、黒ごま、しいたけ、きくらげ、ひじきなどがあり、血流をよくするポリフェノール、アントシアニン、ルティンなどが多く含まれ、体を温める効果があります。

暖色系でもパイナップル、マンゴー、みかん、トマトなど暑い地域や暑い季節に収穫される食材は体を冷やす食べ物になりますので、育った環境と旬には注意するようにしましょう。

白や緑の食材は基本的に体を冷やす作用があるので、避けたほうが賢明です。

肉と魚も赤身のものは体を温める作用があり、白身や脂身が多いものは体を冷やします。

右ページの表に簡単にまとめましたので参考にしてください。

■■ 体を温める食べ物と体を冷やす食べ物

体を温める食べ物

赤	りんご、さくらんぼ、アセロラ、いちじく、唐辛子、赤パプリカ、ビーツ、ナツメ、ざくろ、小豆、肉の赤身、レバー、海老、サケ、まぐろ、かつお、赤ワイン
オレンジ	にんじん、あんず、金柑、かぼちゃ
黄色	卵、チーズ、芥子、黄パプリカ、かりん、ゆず
茶色	レンコン、ショウガ、じゃがいも、里芋、ジネンジョ、玄米、栗、カカオ、シナモン、納豆、味噌、うなぎ、クルミ・アーモンドなどのナッツ類、紹興酒、ブランデー
黒	黒砂糖、胡椒、黒豆、黒ごま、そば、プルーン、レーズン、黒酢、きくらげ、わかめ、昆布、海苔、黒ビール
白、緑でも体を温めるもの	うど、かぶ、ねぎ、ピーマン、春菊、からし菜、フキ、ニラ、わけぎ、らっきょう

体を冷やす食べ物

緑	きゅうり、メロン、キャベツ、レタス、ホウレンソウ、冬瓜、おくら、ゴーヤ、パクチー、緑茶
白	白菜、大根、もやし、豆腐、白米、うどん、白砂糖、牛乳、白ワイン、日本酒
暖色系でも体を冷やすもの	トマト、バナナ、パイナップル、マンゴー、グレープフルーツ、オレンジ、レモン、スイカ、メロン、梨、柿、カニ、タコ、馬肉、バター、マヨネーズ、ウイスキー

冷

温

食品の売れ行きは
パッケージの色で決まる

パッケージのデザインや色が商品を購入する決め手となることが多々あります。

乳製品に青が使われる理由

　色は私たちの消費行動において、大きな購買決定要素のひとつです。つまり商品が売れるか売れないかは色が大きく関わってきます。

　アメリカのマーケティングの専門会社 Webpage FX の調査によると、消費者は製品を見て 90 秒以内に潜在意識で買うかどうかの判断を下し、その 62 ～ 90％は色のみに基づいて決定されています。また 84.7％の消費者が、特定の製品を購入する際の第 1 の要因は色であると述べています。

　なかでもパッケージは、消費者が直接、目にするものですから、その色の影響は特に多大です。

　以前マーケティングの専門サイトに、ミルクティーのパッケージの色と、その味わいイメージに関する比較調査が掲載されていました。ラベルに白が使われている A、明るい青が使われている B、濃い青が使われている C のうちどれが最も濃厚な味わいだと思うか、というもので、C → B → A の順に味

が濃く感じられるという結果となっていました。これについて、私自身も大学の公開講座で 4 年にわたってアンケートを取ってみたところ、72％が C を最も濃厚だと答え、次に B が 24％、A が 6％という結果となりました。

　なぜ、このような順番となったのでしょう。それは、牛乳、ヨーグルトなど乳製品のパッケージの多くに、青が使われているからです。その影響で私

「明治おいしい牛乳」と「明治ブルガリアヨーグルト LB81 プレーン 400g」。どちらも青と白が使われている。

■■ 最近のパッケージの色の傾向

春に発売される食品のパッケージの色については、一般的に春をイメージさせるピンクとグリーンの人気が高い。ここ最近ではこれらの色が、期間限定ではなく、定着して人気のあるパッケージの色となっている。

カルビー「ミーノ そら豆しお味」（左）と「かっぱえびせん 桜えび」（右）

たちは、パッケージの色の青が濃いほど、乳成分の割合が多いと無意識的に判断し、乳製品そのものの色である白については、むしろ「薄い」と感じてしまうのです。

乳製品に青が使われている理由は、白と青の組み合わせは爽やかで清潔なイメージを伝え、乳製品の新鮮さ、フレッシュさをアピールできるためです。また日本では、一般的に牛乳はクセが少なくすっきりした後味が好まれる傾向にあります。そのため、クリアで清涼感のある青系を使ったパッケージが好まれやすいのです。

▨ その食べ物の色を使うのが基本

食べ物のパッケージについては、暖色系が食欲をそそる色として一般的に用いられる傾向がありますが、基本的にはその食べ物らしい色が求められます。

たとえば紫色は食品パッケージの色としては原則的に不向きですが、ぶどうやベリー系、紫芋などの素材を使ったお菓子や食品のパッケージであれば、好まれることがわかっています。

また2021年の2月〜4月に発売された飲料、菓子686商品について株式会社プラグが行ったマーケティングリサーチでは、ピンクのパッケージが最も人気が高く、次いでグリーンであったと報告されています。基本的にピンクとグリーンは春に人気が出やすい色です。これについてプラグは、コロナ禍の中でイライラした感情を抑え、心身の疲労を軽減し、癒しの効果を持つこれらの色が、消費者心理と同調したのではないかと分析しています。

飲食店の色合いは
お店のスタイルによって変える

チェーン店、高級店、カフェなど、スタイルによって適切な色合いは異なってきます。

■ 飲食店の王道は暖色系

食品の売れ行きにパッケージデザインの色が重要な役割を果たすように、飲食店でも色は売上に大きく影響します。

暖色系は飲食店の王道といえますが、店のスタイルによって、適した色は変わってきます。飲食店の色は人々の空腹感、喉の渇き、快適さに関わり、滞在時間、メニューの選択、会計の金額を左右することもあります。

マクドナルド、吉野家などのファーストフード店、ドリンクバーを提供しているファミリーレストラン、ラーメン店など、より多くの客の来店を目指す店舗では、暖色系の明るい色合いが使用されています。暖色系の色は食欲を刺激するだけでなく、時間の経過が実際よりも遅く感じられる色だという実験結果があります。その結果、客の滞在時間は短くなり、回転率が高まるというわけです。

客単価を高めに設定している高級店であれば、暖色系でも鮮やかさや明るさを抑えたトーンを基調にして、サブカラーなどで黒や茶色を取り入れるのが正解です。こうした色合いで落ち着いた雰囲気が生まれ、ゆったりとした食事を楽しめる空間となります。必然的に客の滞在時間が長くなり、食事と飲み物の注文が多くなります。

若い層向けのお店であるならば、広い面積に白、アイボリーなどの明るい色を使うと開放的で気軽に入りやすいイメージとなります。

■ 提供する食事に合わせた色を

有機野菜などの素材をメインとした食事を提供しているお店であれば、グリーン系を多く使い、ベージュや茶色などの素朴でナチュラルな色を選択するとよいでしょう。これらの色は、コーヒーなどを提供するカフェの色としても人気を博しており、スターバックスコーヒーの看板や店舗にも使われています。

和食をコンセプトとした店なら、茶色の木目調をメインに取り入れるのが

■■ 身近にある店舗の色を見てみよう

幅広いメニューとコストパフォーマンスのよさで人気の高いガスト。赤い看板や赤を基調とした店舗は目を引き親しみやすく温かな印象を与える。

食卓にある献立をイメージし、素材を活かした定食を提供する大戸屋。温もりのある木目調の茶色と藍色に白の筆文字の看板からも「和」を感じられる。

おすすめです。日本家屋には昔から木材が使われています。モダンな空間にするなら小豆、柿色、芥子色、抹茶色、藍色、江戸紫などの粋な和の色をアクセントに使うと、和風テイストの料理がより引き立ちます。和食チェーンの大戸屋も、茶色をベースに藍色をアクセントカラーとしています。

　和食でもお寿司屋さんは、**明るい木目調の色**で統一しているお店が圧倒的に多く見られます。明るい木肌色が全体に使われたお店は清潔感があり、刺身やお寿司の味わいが新鮮に感じられるのです。

　青は飲食店では大きい面積として取り入れづらい色ですが、高級なフレンチレストランなどでは、テーブルクロスの色として白と組み合わせて使われているのをよく見かけます。またシーフードレストラン、オイスターバーなど、**海をコンセプト**にしたお店などでは、アクセントカラーとして青を取り入れて成功している例も多くあります。

服の色の効果、身につける色で気分を変えよう！

気分が晴れない時はその日に身につける服や小物などの色で気分転換を図りましょう。

■ リフレッシュしたい時

　次に服の色について考えてみましょう。色の効果は、服の色選びでも活用することができます。特に気持ちをギアチェンジしたい時には効果的です。

　たとえば忙しい日々を過ごしていると、体はそれほど疲れていなくても、心がモヤモヤしたり、すっきりしない状態に陥りがちになることがあります。そんな時に必要なのは「心のデトックス」です。

　デトックスに最も効果的な色は何と

いっても「白」です。汚れのない白は気分を一新させ、すっきりした感覚をもたらすはたらきがあります。またすべての色の波長を均等に含んでいるため、すべてのホルモンを刺激して、心身のリセット状態を作り出します。すべての波長をたくさん反射する性質があるため、不必要な刺激を寄せ付けません。さらに明るい色であるため、身につけていると体が軽く感じられやすくなります。

　その他にリフレッシュを促すはたら

気分が晴れない時に選びたい色

心のデトックスやリフレッシュが必要な時は、白、ミントグリーンやパステルブルーなど白に近いパステルカラーを。

きを持つのは、白を多く含んだ「パステルカラー」です。これらの色も白に近い効果を持っています。パステルカラーの中では、特に爽やかさを感じさせる「ミントグリーン」や、「パステルブルー」がおすすめです。

リフレッシュに何よりも求められるのは「爽快感」と「新鮮さ」なので、明るくクールな色はそのイメージとまさに合致します。また春の新緑や新芽の色である「明るい黄緑」も、心理的な若々しさ、新しい始まりを連想させるので、リフレッシュを促すのに向いています。

■ ストレスを発散したい時

「ストレスが溜まる」。日常の会話の中でよく使われる表現ですが、「溜まる」というフレーズが示すように、ストレスは、物事が積もった状態であり、心身に過剰な負荷がかかって生じる歪みを意味します。

これを解消するには、その負荷をはね除けて発散させる力が必要になります。その効果が最も強い色が「赤」です。

赤はアドレナリンの分泌を促し、テストステロンのレベルを高める作用があります。アドレナリンは交感神経を刺激して感情を外へと向かわせるはたらきがあり、溜め込んだストレスを解消しやすくさせます。2005年にアメリカの糖尿病学会で報告された、ハーバード大学医学部研究チームの研究調査でも「赤色はストレスの発散を促し、血糖値のコントロールによい影響を与える」ことが確認されています。

赤に続いてストレス発散効果が高い色はオレンジ色や濃いピンク色です。赤を多く含む色は、やはりアドレナリンの分泌効果が高いためです。その他

ストレスが溜まった時に選びたい色

ストレスを解消したい時は赤を身につけよう。オレンジ色や濃いピンクなど赤に近い色も溜まったストレスを外に発散できる。

では明るい黄色も楽観的でポジティブな気分をもたらし、プレッシャーを軽減させて、外向的な感情を作り出す作用があります。

反対に青、グレー、黒はストレスを溜め込みやすくする色です。これらの色は感情を抑制、抑圧するので、ストレス発散には不向きなのです。

■ ポジティブになりたい時

明るくポジティブな思考や感情を作り出すのに必要なのは、「幸福感」と「楽観性」、気分の「活性化」です。

そうした状態を作り出すのに最適なのは「黄色」です。黄色は光の輝きと希望を表す色であり、明るい気分を促進します。

黄色に関するさまざまな研究では、幸福感、肯定的な感情は黄色と結びついていることを指摘しています。さら

に不安を和らげ、気楽にする効果があり、うつ病を改善するはたらきがどの色よりも強いことも確認されています。

また黄色はビタミンカラーと呼ばれ、健康的で快活なイメージを伝えます。このカラーには柑橘類に多い「オレンジ」、「黄緑」も含まれ、やはり心身を快活にして、ポジティブな気分をもたらします。

さらに黄色は赤とともに、活動的な思考と活発な気分を促す作用があります。2014年に報告された、タイのマヒドン大学生体工学部の研究では、白、青、緑、黄、赤、黒の部屋で被験者の脳波を測定し、環境の色がどのような精神活動をもたらすのかを調査しました。この結果、赤と黄色の部屋では脳の活動が活発になり、精神活動を活性化させるベータ波が増加することを確認しています。

明るい気分になりたい時に選びたい色

元気になりたい、前向きになりたい時は、黄色やオレンジ、黄緑などのビタミンカラーを。ピンクは幸福感ももたらしてくれる。

ピンク色も幸福感をもたらしやすい色ですが、なかでも黄色を多く含んだ「サーモンピンク」は、前向きな気分を作り出します。

そして何よりも不可欠なのは「自分の好きな色」を着ることです。好きな色はプラスのイメージと結びついているので、自然とポジティブな気持ちにはたらきかけるのです。

▨ 心を整えたい時

やらなければならないことが山積していて、心が乱れている。そんな時に効果的なのは、思考を整理することです。

そうした状態を改善するには「青」が効果的です。沈静色である青は、副交感神経を優位にして、リラックスをもたらし、心身をクールダウンさせます。冷静で客観的、ロジカルな思考を作り出します。

また青は精神の安定を促す、セロトニンの分泌と関わっています。セロトニンは焦りやイライラした気持ち、乱れた感情を整えるはたらきがあります。さらに青は内省の色であり、自分の気持ちや本音と向き合いやすくさせるため、身につけると現在抱えている物事の優先順位が見極めさせやすくなります。

「水色」も心を整えるのに向いています。明るい水色は、青空を見た時の晴れやかな気分を想起させます。濁りのない透き通った水の色でもあるため、澱んだ状態を一掃しようとする意識にはたらきかける心理的作用を持ちます。

そうしたことから水色は、頭がすっきり冴え渡り、先の見通しが立てやすいイメージを作り出し、心の整理整頓を助けてくれるのです。

心が乱れている時に選びたい色

すべきことがいっぱいで頭や心の中の整理が必要が時は、鎮静効果のある青や水色を。青空を見ることもおすすめ。

さらに中立的でバランスと調和をもたらす「緑」も、感情をニュートラルにする上、心理的な安定をもたらすので、乱れた気持ちを整える効果があります。

対人関係のプレッシャーに

私たちは日々、人との関わりの中で毎日を送っています。それは決して楽しいことばかりではなく、煩わしさを伴う場合もあります。不特定多数の人が所属しているコミュニティーや、職場での人間関係は複雑で難しいことも多く、プレッシャーを感じる人も多いのではないでしょうか。

そうした場合に効果的な色は「緑」です。

中性色で中立的な性質を持つ緑は、過度なやる気や、精神的重圧を緩和させ、可もなく不可もなく、という気持ちを生み出します。つまりほどほどでよいという心理状態を作り出すのです。

調和を象徴する緑色は、適度な心理的距離感を作るのに最適です。周囲に溶け込みやすく平和な印象を与える緑は、接する相手の気持ちを穏やかにします。そのため攻撃性を低下させ、人との良好な関係を築くのを助けます。自然体の精神を作り出し、ストレスを軽減して、余分なプレッシャーを感じにくくもしてくれます。

「グレー」も接する相手にソフトで控えめな印象を与える効果があり、敵を作りません。無駄に目立つことがないので、存在感を打ち消したい時にも有効です。

その他には、「黒」は他の色の影響を一切受けない強い色なので、不必要なプレッシャーを軽減する効果があり、不安から身を守るはたらきがあります。

人間関係に疲れている時に選びたい色

人間関係で疲れた時、悩んでいる時は中性色の緑が、相手も自分も穏やかな気分になる。プレッシャーから身を守る黒も○。

色の使われ方と
その効果

住・生活編

快適な空間・場を作り出すために欠かせない、色彩計画

色彩計画を取り入れることで心身を快適で健康な状態に導くことができます。

▨ 色彩計画とは何か

私たちが日常を過ごす部屋、仕事に取り組むオフィスの色は思いのほか、暮らしやすさや働きやすさ、快適さに多大な影響を与えます。

第1章でも述べたように、色は大脳辺縁系や松果体（しょうかたい）などに作用を及ぼす「非視覚経路」を通して感情、自律神経、ホルモンの分泌、生体リズムなどに関わります。そうしたことから空間の色は、睡眠の質、疲労回復の度合い、集中力、仕事のパフォーマンスなど、意識の有無に関わらず、メンタルから体調のコンディションまでも左右します。また第5章では、ダイニングの色は食事の味わいに関わることを説明しました。

このような色の持つはたらきを、目的別に住空間へ活かしたり、不特定多数の人が利用するスペースやサインに用いたり、景観を整えるために建物の外観などに利用したりする考えや手法を「色彩計画」といいます。

色彩計画はその空間の用途の効率化

■■ 色彩計画とは

色の持つ物理的特性、生理作用、心理効果を用いて計画的に環境をデザインし、心や身体の状態を快適で健康な状態に導く配色計画。空間の用途や目的に合った機能的で効率的な環境をつくり出す手法のこと。

に役立つため、生理的・心理的効果を理解して計画的に取り入れることが大切です。

色彩計画については第1章で紹介したF.ビレンが有名です。ビレンが病院、住宅、オフィス、公共施設、工場などに最適な色を用いて、疲労の軽減や安全性の向上などに色が役立つことが認められたことから、色彩計画が知られるようになりました。

色彩計画は空間をよりよいものにするだけでなく、暗い、冷たい、落ち着かない、勉強や仕事に集中できないなどのマイナス要素を軽減するはたらきもあります。

また空間には、一色だけではなく、複数の色が存在するため、配色調和のほか、色の組み合わせによって生じる効果（たとえば、部屋を広く見せる、統一感をもたらす、空間に活気を加える、リラックス効果を高めるなど）にも配慮が必要となります。さらに照明の色は覚醒や沈静、体感温度などにダイレクトな影響を及ぼすので、室内の色の構成要素とともに併せて考える必要があります。

▓ 景観における色彩計画

景観の色は、地域の特徴と文化を象徴します。部屋の色が雑然としていると心が落ち着かなくなるのと同様に、住む街の色が乱雑であれば、その地域に住む人たちの心の健康にもネガティブな作用を及ぼしかねません。

2016年のチリ大学による研究では、景観は、人間の健康と結びついており、幸福感やストレスとの関連性が高いと指摘されています。また研究結果によれば、都市部においても自然を取り入れた景観が重要であるとも述べられています。

他にも彩度が高いピンクのマンションが地域住民の体調不良を招いたという事例もあり、私たちが目にする色彩は、室内でも住む地域の景観であっても健康とは切っても切り離せない関係であることがわかります。

独立行政法人都市再生機構の若松二丁目団地（千葉県船橋市）。築50年以上が経過した団地の壁面を塗装することによって風景を一新。リズミカルに色彩展開しシンボリックなデザインとした。2021年度グッドデザイン賞（公益財団法人日本デザイン振興会主催）を受賞。

同じく独立行政法人都市再生機構の日の出・明海・高洲地区（浦安マリナイースト21、千葉県浦安市）。東京湾に面した埋立地に建設された多機能複合型ニュータウン。景観形成ガイドラインに沿った開発により、水辺に囲まれ緑あふれる良好な都市景観が形成。平成21年度都市景観大賞美しいまちなみ優秀賞（「都市景観の日」実行委員会主催）。

写真提供：UR都市機構

暮らしを豊かにする
インテリアの色使い

快適な住空間は生活する上で非常に重要で、インテリアの色は大きな要素となります。

■ インテリアの色について考えよう

室内空間の色は雰囲気を左右し、生活を取り巻く要素です。インテリアの色が私たちの心身にはたらきかける力は大きく、メンタルと健康にも影響を与えます。

たとえば2009年にスウェーデンのルンド工科大学建築環境学部では、室内空間の色は私たちの感情や脳波、生理機能などさまざまなレベルで影響を及ぼし、仕事や勉強のパフォーマンスの効率を左右することを明らかにしています。

ここ数年の在宅ワークの増加に伴い、在宅時間はさらに多くなっていますから、インテリアの色は、暮らしを豊かにする上で一層重要であるといえるでしょう。

室内の色は「リラックスしたい」、「リフレッシュしたい」など、場面によってどんな色彩効果を得たいかを考えます。インテリアでは複数の色を配置するので、配色や色の組み合わせによって生じる効果にも気をつける必要があ

ります。

基本的には、天井、壁、床などを構成する「ベースカラー」が70％、ソファ、家具、建具、カーテンなどの「サブカラー」が25％、面積の小さい雑貨、クッションなどの「アクセントカラー」5％の割合で色を考えると、バランスがよくなります。

■ 白を使う時の注意点

インテリアでは明るく清潔感のある白の人気が高く、スタンダードな色とされています。特に日本ではその傾向が高いようです。インテリアを白で統一するという人も珍しくありません。

白は空間を広々と見せて、スタイリッシュな印象を与えますが、デメリットが多いのも事実です。

白は清潔感がある反面、眩しすぎて落ち着かない気持ちにさせます。また「汚したくない」という意識にはたらきかけて緊張感をもたらし、疲労の原因となることもあります。

特に偏頭痛を抱えている人は、極力

色の違いによる部屋の印象の違い

ベースカラー （基調色）	最も面積が大きい天井・壁・床など。空間の主要部分を占め全体のイメージをつくる。
サブカラー （アソートカラー、配合色）	ソファ、カーテン、大きなファブリックや家具など。ベースカラーと調和し引き立てる。
アクセントカラー （強調色）	入れ替え可能なクッションや絵画、植物、雑貨など。空間の差し色であり全体を引き締める。

ベースカラー、サブカラー、アクセントカラーが異なると部屋の印象も変わってくる。季節や気分によってサブカラーやアクセントカラーを変えると毎日に変化が出る。

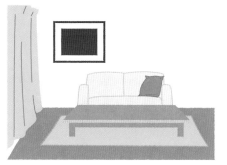

避けたほうがよいでしょう。白は光の反射率が90％と最も高く、その光が頭痛を誘発する要因になるためです。実際に最近、偏頭痛持ちの人から「暗い色が好き、白は耐えられない」、「ブラウン系にしたら頭痛が軽減した」というコメントをいただいたこともあります。

さらに白だらけの空間は、ストレスホルモンといわれ、心身がストレスを受けると分泌される「コルチゾール」の分泌を増加させます。他にも無気力な状態を生み出したり、警戒心が強くなったり、常に気持ちにゆとりが持て

ない状態になることもあります。

インテリアに白を使うなら、サブカラーの割合25％程度まで、またはアイボリー、オフホワイトなどの色を取り入れるようにしましょう。

白を使うなら色合いや割合に注意。白でもオフホワイトなど柔らかい色を選ぼう。

195

色によって睡眠時間が違う？
睡眠の質を高める色

調査によると睡眠を促す色と妨げる色があります。寝室の色に気を使いましょう。

▨ 睡眠を最も促す色は青

毎日の疲労回復に欠かせない「睡眠」は、私たちにとって精神的な安定をもたらすだけでなく、免疫力や食欲のコントロール、記憶力など、生活のパフォーマンスすべてに関わっています。

快眠には部屋の色も重要で、壁の色、寝具、カーテンの色、敷物、家具の色には気をつける必要があります。理想的な睡眠環境とは、リラックスとくつろぎ、安心を感じられる空間で、色はそれらをつくり出す大きな要素となります。

色が睡眠を左右する実際の事例としては、2013 年にイギリスのホテル予約サイト「Travel Lodge（トラベルロッジ）」が、2000 世帯を対象に行った「寝室の装飾色と睡眠時間」の調査があります。調査では「青」が最も快眠を促し、「目覚めた時幸せを感じる」と 58％の人が回答しています。そして、青色の寝室での睡眠時間は平均すると 7 時間 52 分という結果になっています。

これは青が副交感神経を優位にして、血圧、心拍数を低下させるため、沈静や落ち着きを促すためだといえます。また眠気は、身体内部の温度が適度に下がることによって促されます。寒色系の青はそれを手助けすると考えられ、睡眠の質を高めるには理想的な色なのです。

2 番目に快眠をもたらした色は「淡い黄色」で、平均睡眠時間は 7 時間 40 分です。3 番目は「緑」で、この色の寝室で睡眠をとっている人の 22％は「明るく前向きな気分で目覚めて」おり、平均 7 時間 36 分の睡眠時間という結果が確認されています。

逆に睡眠を妨げやすいのは「紫」で、平均すると 5 時間 56 分の睡眠時間で、青より約 2 時間も少ないことがわかっています。紫は「精神のはたらきを刺激し、妄想を呼び起こし、悪夢につながりやすい」と報告されています。

次に避けたいのが「茶色」で、平均睡眠時間は 6 時間 5 分です。「灰色」も 6 時間 12 分で、やはり快眠には結

鎮静効果のある青や優しい色の淡い黄色のインテリアは、睡眠が促され快眠できると考えられる。

一方、紫は気分が落ち着かず、茶色や灰色は気持ちを重くするため、睡眠には向かない色といえる。

びつきにくい色といえます。茶色と灰色は「退屈な色で、孤立した気分をもたらしやすい」ため、落ち着いた睡眠には不向きだとされています。

照明の色は青を避けるべし

睡眠には照明の色も重要です。

オックスフォード大学の研究チームは、さまざまな色の光は明らかに睡眠に影響することを指摘しています。特に夜間の青い光（ブルーライト）は、入眠を16〜19分遅らせ、睡眠の質を下げる作用があると指摘しています。

これに対して、紫の光は5〜10分で、緑の光は1〜3分で入眠に至る作用が確認されています。先ほどの装飾色と睡眠時間の調査では青が最も快眠を促す色でしたが、照明の場合はまったく異なるので注意が必要です。

また、オレンジ系の光の電球色は、眠りに必要なメラトニンの生成をスムーズにする効果があるので、寝室の照明として最適で、30ルクス（ルクス〔lx〕は照度〔93ページ〕の単位）以下の明るさが入眠をもたらすのに推奨されています。

仕事の効率を高める
オフィスの色選びのヒント

色は仕事の効率にも影響しますが、業務内容によって適した色は異なります。

オフィスでは無彩色より有彩色を

色は仕事中の集中力や創造性、ストレスレベルなどに影響を与え、仕事の効率においても重要な役割を果たします。

いくつかの研究機関の報告では、彩り豊かな職場は無彩色の職場に比べて、作業成績を高める傾向があることが確認されています。たとえば白い環境下での作業は、速度が遅れてエラーを招きやすくなることが判明しています。白のインテリアで前述した通り、白い空間は眩しくて疲れやすく、緊張感を生じさせてしまうためです。

仕事場の色は、業務内容によって適した色が異なります。2009年のカナダのブリティッシュコロンビア大学が600人を対象とした研究では、パソコンのモニターが赤の場合と青の場合とでは、作業効率が異なることを明らか

赤と青、仕事が捗るのはどっち？

パソコンのモニターを赤にすると、記憶力を必要とする作業や細かい注意力が必要な作業の効率が、青に比べて31％向上する。一方、創造的なタスクでは、青い環境下では赤の場合の2倍のアウトプットが生み出されている。

記憶力や注意力が
必要な作業に

クリエイティブで独創性が
必要な仕事に

にしています。

この研究結果によると、青は精神を安定させて、安全で平和な感覚と結びつき、肯定的な気持ちを促し、探索的な心理状態をつくり出します。そのため「アイディアや独創性が必要な仕事」、「クリエイティブな作業」の効率を高めるはたらきがあることが確認されています。また沈静と落ち着きをもたらすため、冷静さと緻密さが求められる業務にも向いています。

一方、危険や停止信号、救急車の色である赤は、「リスクやミスを避けたい」という気持ちを強化し、注意力が必要な作業の効率を高めると指摘しています。つまり赤は「チェックが必要な仕事」に向いており、校正作業などの細部に目を行きわたらせる業務には最適だということです。

実際に書類の確認作業と報告書の作成業務に携わっている知人の話では、赤い大きな置物を作業スペースに取り入れて仕事の合間に見つめるようにしたところ、確認ミスが3分の1程度まで減ったということでした。

■ 目的に応じて選ぶことが大切

チームワークを必要とする場面では、黄色やオレンジが適しているといえます。明るく温かく開放的な色であるため、コミュニケーションに向いており、人と人との距離感を縮めやすくします。

作業場などでは床によく緑が使われる。
写真提供：鈴木自動車販売株式会社

工場などでは、作業領域を緑に塗ると、心理的な健康が保たれやすく、生産性が高まることも実証されています。緑は目の疲れを最小限に抑え、長期的な集中力を高める効果があります。実際、航空機の製造で有名な、ワシントン州のボーイング社の工場やオフィスなどに取り入れられています。

オフィスには青や緑が効果的という結果が得られていますが、2007年のテキサス大学の報告によると、緑と青の配色は、はたらく人を沈んだ気分にさせやすく、活力を低下させる原因にもなるとあるので、注意したほうがよいでしょう。

また同研究では、淡い灰色やベージュは女性の気分を憂うつにして、能力を低下させると指摘しています。一方、男性の仕事効率を低下させるのは紫とオレンジ色であると述べています。

■ 会議室に適した色

会議室の色は、オフィスと同様にどのような目的で使用するかによって、

効果は異なります。

　先述のブリティッシュコロンビア大学の研究では、青は赤に比べて創造性やアイディアを約2倍高めるとしています。そのため青は、新製品の開発などに関わる、ブレーンストーミングなどを行う会議室に向いているといえるでしょう。

　赤は実りの多いエネルギッシュな議論を目的とする場合に向いています。ひとつのテーマに焦点を絞り、短期的に結論を導き出したい時にも効果的です。赤は覚醒を促し、集中と達成を後押しするのです。また、赤は現実的で実践的な考えにはたらきかけます。

　上述の研究でも、赤いパーツと青いパーツそれぞれで子どもの玩具をデザインさせると、赤いパーツで作られた玩具は実用に向いたもの、青いパーツは独創的なものになる傾向があることが報告されています。

　じっくりと協議して、意見をまとめる必要がある場合は、協調性を意識させやすくする緑色がおすすめです。コミュニケーション重視で、率直な意見を交わし合いたいのであれば、フレンドリーな黄色とオレンジが適しています。

　オフィスや会議室へ色を取り入れるには、壁紙や床だけでなく、椅子やデスク周り、その他のオフィス家具、パーテーションなどに取り入れるのがおすすめです。

▨ 休憩室に適した色

　リフレッシュや癒しを目的とした休憩室には、緑色が最も効果的です。

　メルボルン大学は2015年に、150人の学生を2つのグループに分けて、単調な作業中に1つのグループにはコンクリートの屋根の画像を、もう1つのグループには緑化した屋上庭園の画像を見てもらうという研究調査の結果を報告しています。それによると、作業の再開後、前者のグループは8%集中力が低下し、後者のグループは6%集中力が高まりミスが少なくなったといいます。また室内の観葉植物でも同じ効果があると述べています。そのため、休憩時間に緑を見ることをすすめています。

　他には心身の緊張を解きほぐすピンク色や、淡い黄色もリラックスを促しやすく、疲労回復には適しているといえます。

▨ リモートワークに適した色

　リモートワークでは、仕事モードにスイッチを切り替える効果、作業に適した色を考える必要があります。

　取り入れるべき色は、これまでと同様に創造性やアイディア重視なら青、ミスのチェック、校正作業など細かい注意力を必要とする場合は赤、情報を

青
- クリエイティブな作業に
- 独創性・アイディアが必要な業務に
- 緻密さ・冷静さが求められる時に

赤
- 注意力が必要な作業に
- ミスを避けたい時に
- 集中して短期で結論を出す会議に
- 実用的・現実的な考えが求められる業務に

緑
- 疲れやすい作業に
- 長時間の集中力が必要な業務に
- リフレッシュが必要な時に
- 眼に負担がかかる作業に

黄・オレンジ
- チームワークを必要とする業務に
- コミュニケーション重視の時に
- 率直な意見を交わす会議に

オフィスのインテリアデザイン、レイアウト設計などを手掛けるアーバンプランのオフィス内もさまざまな色が取り入れられている。左上は横浜オフィス、左下は名古屋オフィス、右下は大阪営業所。

集めて分析する性質の業務なら知的欲求と探究心を鼓舞して心理的に視野を広げやすい黄色が向いています。

　目に負荷がかかりやすい仕事や、執筆や創作・製作作業など、腰を据えて長期的に集中するような仕事には緑を取り入れると、作業の効率が高まりやすくなるでしょう。

学校や勉強部屋に適しているのは何色？

子どもが学習する場には、脳を刺激し集中力を高めるとされる色を取り入れましょう。

■ 発達過程でも色は大切

学校の色彩環境は、生徒の感情や考え方、態度、行動、学習能力、発達に影響を与えます。

鮮やかで大胆な色は遊び心と積極性を促進し、また明るい色は脳を刺激し、記憶力を高めるのに役立ちます。

2017年のスリランカのモラトゥワ大学建築学部の研究では、低学年の小学生213人の男子生徒を対象に、教室の色が生徒のパフォーマンス、学習、行動に与える影響を調べています。

この研究によると、青とオレンジは子どもたちに最も好ましい影響があり、青は子どもの創造性と芸術的スキルを向上させ、オレンジと黄色は数学に関連する思考をサポートすることが確認されています。さらに緑と紫は、子どもの論理的思考と創造的思考のバランスを整えます。

一方、学習能力の向上には向かないと指摘されているのは、白、黒、茶色とされています。

この研究から、中学、高校ではリラックスして落ち着きをもたらす青系のクールな色が、教室の色として適しているといえるでしょう。

大阪国際中学校高等学校の教室の内壁には、集中力を高めるために、「青藍（せいらん）」「瑠璃紺」「薄浅葱（うすあさぎ）」など、ブルー系の日本の和色が使われている。

▨ 集中力と理解力を高める色

色は集中力と理解力にも関わります。集中力、理解力を高める色とは、基本的に脳を「活性化」させ、「覚醒」をもたらす色になります。

オーストラリアのカーティン大学は2015年に、淡いトーンの赤、青、黄色、鮮やかなトーンの赤、青、黄色の6色のパネルを用いて、最も学生の学習能力を高める色を明らかにしています。研究ではパネルを机の正面の壁に設置して、被験者に課題を行ってもらったところ、読解力と理解力を高めた色は、鮮やかな赤や黄色でした。

2014年のタイのマヒドール大学の研究では、赤と黄色は精神活動の活性化と覚醒を促す「ベータ波」を生じさせ、脳を活動的にすることを報告しています。

さらに2016年の東京電機大学の研究では、白・青・赤・黄の4種類のブースで学生に計算課題を解かせたところ、黄色のブースで正答率が最も高かったといいます。黄色の空間では脳の活動値が他の色に比べて大きいこともわかっています。

これらの結果から集中力や理解力を高める色は黄、赤といえます。ただし鮮やかな暖色系は疲労を招きやすいため、短時間の集中に適しています。長時間の集中力が必要な場合は、青や緑などを取り入れるとよいでしょう。

東京インターナショナルスクール キンダーガーテン・アフタースクールの教室。鮮やかなトーンの黄色や赤、青などが使われている。

学習環境に用いる色の例

鮮やかな赤や黄、青色は学習環境に有効。ただし6色以上を使用すると認知能力が低下するという研究報告もあるので注意しよう。

店舗の色に適した色と最近の傾向

色は店舗の売上に大きく影響します。業種別の適した色と最近の傾向を紹介します。

▨ 購買意欲は店舗の色で決まる!?

店舗の色は雰囲気、消費者の入りやすさ、製品のイメージを左右します。

前章で紹介した飲食店に限らず、色は小売店などでも売上に関わる大切な要素です。その理由は右の表の通りです。

店舗で赤は売上を伸ばす「購買色」といわれています。赤は消費者の注意を引き、衝動的な気持ちにさせて、購買意欲を高めるためです。また緑色の店では、訪れた客の滞在時間が長くなることも明らかにされています。

ただし一概に店舗の色といっても、業種によって適した色が異なります。安価でカジュアルな店舗であれば黄色やオレンジ、堅実さと信頼をモットーとするならば青、非日常感は紫やピンク、高級感を売りにするなら黒といった具合です。

▨ 緑や茶色が用いられる理由

これも前章で述べましたが、消費者の色の好みはコロナ禍にみられるよう

▰▰ 購買行動に対する色の影響

● 購入決定の 73％は店頭で行われる。

● 顧客は入店から 90 秒以内に購入の判断を決定する。

● 第一印象の 62％〜 90％は色のみに基づいている。

（2006 年カナダ・ウィニペグ大学の研究より）

● 84.7％の人が、製品を購入する主な理由として色を挙げている。

● 93％の人が、ビジュアルに基づいて購入を決定している。

（2004 年ソウル国際カラーエキスポ事務局の調査より）

● 消費者の 80％が、色はブランド認知度を高めるのに役立つとしている。

（2007 年アメリカ・ロヨラ大学の研究より）

な不安な状況にさらされると、緑や黄色、ピンクなどの色が人気を集める傾向があります（183 ページ）。

また、店舗の内装では木目を基調としたナチュラルなデザイン、余分な装飾を排除したシンプルでミニマルなデ

ザインが近年人気を集めており、特に自然の緑をふんだんに使った内装が大人気です。茶色と緑は自然の代名詞といえる配色です。先行き不透明で、不安が多い時代、訪れる人に安心感を与えるので顧客に好まれやすいのです。

2022年、アメリカの大手塗料ブランドが発表したカラー・オブ・ザ・イヤーでは、「エバーグリーンフォグ」(灰みの緑)が選ばれています。自然に着想を得たナチュラルなこの色は、平和と静けさを表し、「地球の美しさ、再生、回復、復活、癒しに触発された」緑色の意味合いを持っていると説明されて

エバーグリーンフォグ
アメリカの塗料メーカーSherwin-Williams(シャーウィン・ウィリアムズ)が2021年に発表した2022年の注目色

います。

近頃ではアンティーク、レトロな色調のデザインの店舗も急増しています。たとえば、あえて木目を経年劣化させたような茶色が人気です。古びた暗い色合いに、落ち着くと感じられる人が多いのです。

これらの色とデザインはカフェやアパレル、美容院などで多く用いられています。

■■ それぞれのコンセプトに合った色彩を用いた店舗

青山フラワーマーケットティーハウス吉祥寺店。フラワーショップを展開する青山フラワーマーケットが運営するティーハウス。「温室」をコンセプトとし、温もりある茶色と緑に囲まれた空間となっている。

CIRCUS渋谷スペイン坂店。メガネ・サングラスショップ。「わくわくする、ドキドキする」サーカスのような空間をコンセプトとした店内のメインカラーは黄色。にぎやかで楽しい買い物の時間を演出している。

病院の色彩環境は
症状の回復にも役立つ

病院では無機質な色を避け、また症状や入院期間を考慮した色彩環境が求められます。

病院に求められる色彩環境

本書の冒頭では、病院や介護施設において、色がどのような役割を持っているのかについてお伝えしました。

ここでは病院の内装などが、どのように私たちに作用するか、具体的な事例とともに紹介したいと思います。

病院の色彩計画は1920年代のアメリカから始まり、患者が快適な気分で診察を受けられるよう、現在ではさまざまな色の工夫がなされるようになりました。医師や看護師のユニフォームに留まらず、内装、外装の色まで、無機質な白一色から脱却しつつあります。

病院へ行く時、多くの人は自分の症状が気になって、恐怖や緊張に駆られがちです。そうした状況下において、単調で無機質な色の病院のロビーや待合室は、私たちの意識を内向的にさせ、不安をさらに高めます。反対に雑多で雑然としている空間は、視覚的な疲労を招きます。

病院において望ましい環境とは、バランスよく適度に色を取り入れた空間です。

たとえば最近、病院のエントランスや受付、待合スペースなどの壁やカウンター、ソファに、木目をベースとした温かみのあるアイボリーやベージュ、茶色などの色が取り入れられています。

このような温かみのあるベーシックカラーを基調とした上で、鎮静感を与え気持ちを落ち着かせる紺や、心を安らかに導き気分の調子を整える緑などが、サイン兼アクセントカラーとして使われる例もみられます。この例はナチュラルでありながら、清潔感や安心感を与えます。また、カラフルな色をアクセントとして使う例もみられ、緊張感をほぐしたり明るい印象を伝えます。

これらの色使いは、病院を訪れる人の心を和ますには有効といえるでしょう。

病室は患者の状態によって色彩の使い分けを行うことで、病気の回復を助けます。

多くの場合、病室には明るさや温か

み、親しみが求められます。部屋の基調色としては、やはり白よりも**オフホワイト、アイボリー、ベージュ、明るめの木目調**が適しています。壁紙や床材以外では、カーテン、壁に掛ける絵やタペストリーなどのアートが部屋に彩りを加え、心に潤いを与えてくれます。

入院が長期であるか、短期であるか、疾患が静けさを要するものであるか、または適度な変化を要するものなのかによっても、それらは当然異なります。

入院が必要な患者のさまざまな症状や状態、入院期間に対して、どのような色が効果があると考えられるか、以下に簡単に示します。

■■ 病気の回復に役立つ色彩デザイン

Case 1

体力が低下し安静と鎮静を必要とする症状の治療には沈静的な青系統が役立つ。精神的に不安定、ヒステリーを起こしやすい症状にも。

Case 2

中～長期入院が必要で重篤な病状を伴わないケースに望ましい色は緑。ストレスを軽減し、血圧と心拍数を安定させ、回復に役立つ。

Case 3

深刻な症状を伴わない短期入院、退院を約束された症状には、日常生活に戻るための適度な刺激が必要。明るい黄色やオレンジ、ピンクは、心身に活気を与え、回復を早めるはたらきが期待できる。

■■ 色を活用したサイン計画事例

　診療科目が多く、歴史がある大規模な病院によくある話ですが、改修、増築を重ねた結果、迷路のように入り組んだ構造をしていることがあります。そうした病院ではしっかりとしたサイン計画が必要となります。視認性の面からも大変重要であり、わかりやすく安心感を与えるデザインとしなければなりません。

　私が以前にサイン計画を手掛けた福島県立医科大学附属病院は、1Fと2Fが外来で、各フロアには22～23もの診療科目がありました。色による識別は、最大11～12色が限界なので、サイン計画ではまず、色で各エリアを区分けし、数字とアルファベットで詳細な誘導を行いました。

　また、それぞれのエリアを訪れる患者の病状にも配慮した色彩選定としました。写真は放射線受付の改装前と改装後です。内側から文字を光らせる内照式のサインは、読みづらく高齢者や目に疾患のある方には特に不便を感じる可能性があります。また壁や看板など、あちこちに情報が分散しています。そこでここでは誘目性（ゆうもくせい）の高い朱赤を使い、受付からすぐわかるようにして、壁の案内図で空間が一目で理解できるようなデザインを用いました。

　このような工夫を病院の各所でこらし、患者さんの動線をスムーズにしています。

　さらにその色が持つ心理的・生理的効果から快適性についても検討しています。たとえばものものしく不安を感じやすいMRI（磁気共鳴画像）検査室前は、極力明るく暖かく親しみやすい雰囲気が必要です。

　このスペースに採用した黄色の印象評価調査では、目的としたデザインに対して評価が得られたことがわかりま

■■ 福島県立医科大学附属病院のサイン計画　①放射線受付

改装前

改装後

設計：株式会社ボーダレス総合計画事務所（旧社名：有限会社 鈴木設計）

■■ ② MRI 検査室前

改装前

改装後

表は20代〜60代の男女を対象に行った印象評価調査。黄色を使ったMRIエリアの空間の雰囲気は非常に明るく、暖かさと親しみやすさがとても感じられやすいという結果が導き出された。検査を受ける患者の不安を軽減する空間づくりに、黄色は役立つ色といえる。

題　　黄色

	暖かい	明るい	親しみやすい	安心できる	象徴的	快適な
最高値	7	7	7	7	7	7
平均値	5.32	6.27	5.59	5.09	4.73	4.55
最低値	4	5	2	2	2	2
	冷たい	暗い	親しみにくい	不安な	意味のない	不快な

各項目率　　%

	暖かい	明るい	親しみやすい	安心できる	象徴的	快適な
非常に	9.09	45.45	31.82	4.55	9.09	4.55
かなり	36.36	36.36	27.27	31.18	18.18	13.64
やや	31.18	18.18	18.18	40.91	31.82	31.82
どちらでも	22.73	0	18.18	18.18	27.27	36.36
やや	0	0	0	0	4.55	9.09
かなり	0	0	4.55	4.55	9.09	4.55
非常に	0	0	0	0	0	0
	冷たい	暗い	親しみにくい	不安な	意味のない	不快な

す。

　右の写真は第1章でも写真を紹介しましたが、皮膚科エリアのスペースです。

　皮膚科を訪れる患者の多くは、炎症やかゆみなどを伴う症状を持っています。皮膚科に求められるのは、冷たく爽快、清々しく、沈静的な要素なので、青を使用しました。暖かく刺激的な色、たとえば赤などは症状をより強く感じさせる色であるため、使用は避けるべきでしょう。

■■ ③皮膚科

　病院のサインでは視認性や誘目性の他、印象、色の持つ効果を包括的に考える必要があります。

介護施設の色彩計画は
高齢者の安全と健康を考えて

介護施設における色の重要性を、具体的な色彩計画も交えて説明しましょう。

■ 高齢者の安全と守るために

色の効果は製品パッケージ、広告、ファッション、インテリアなど多くの分野で活用されるようになりました。近年では介護福祉現場でも注目を浴びています。

私たちは情報の80%以上を視覚から受け取っていることはすでに述べましたが（23ページ）、60歳を過ぎると、視力の低下に加え、白内障をはじめとするさまざまな視覚障害を抱える割合が高くなります。

加齢によって視覚機能が低下すると、色彩の区別もつきにくくなり、空間に対する認知能力は大幅に減少します。また視覚機能の低下は、生活上での不安感を生み出します。それに伴い、日常の意欲や積極性も失われがちになります。

特に介護施設に入居している高齢者であれば、その傾向は顕著です。日中の大半を屋内で過ごすことが多くなるため、環境からの影響を受けやすくなるのです。

そうしたことから、色は高齢者の情緒やメンタル、行動、健康、安全性に大きく関わります。

また、高齢者にとって色は、方向付けと目的探しの潜在的な手がかりとなり、視覚的な区別を促す重要な情報となります。たとえば色は認知能力の低下した利用者にとって自分の居室、トイレなどを見つける手がかりにもなります。視覚的な情報を補い、安全性を確保するのに役立ちます。

このように環境における色彩は空間の実質的な「機能」と直接的に関わります。高齢者自身の「残存能力」を保持し、自信の回復を助けるための支援となります。

■ 高齢者の色の見え方

加齢による視覚の変化で顕著なのが、老眼や視力の低下です。

それだけでなく、加齢によって瞳孔が縮小するため、網膜までに到達する光の量が減少します。60代の眼に入る光は若年者の約3分の1程度に

■■ 加齢に伴う見え方の変化

- ● 老眼で近くが見えにくくなる
  水晶体が硬くなってピントを調節する機能が衰え、近くに焦点を合わせにくくなる。
- ● 暗いところで見えにくくなる
  水晶体が濁ったり、瞳孔の大きさを調節する筋肉が衰えて瞳孔が小さくなったりすることによって、暗いところで見えにくくなる。
- ● ぎらつきや眩しさを感じやすくなる
  水晶体や硝子体に混じった不純物に光が当たって散乱し、さまざまな方向から光が入ってくるように感じる。
- ● 色の区別がつきにくくなる
  水晶体が黄色くなるため、黄色や褐色のフィルターを通して見た状態になる。

■■ 正常な見え方と白内障の見え方

正常な見え方

白内障の見え方

写真：公益財団法人長寿科学振興財団　健康長寿ネット「高齢者の色覚の老化」より

なるといわれ、60代が快適に読書するための光は20代の3倍を要します。したがって暗いところで物が見えにくく、細かい色の弁別が困難になります。

水晶体と硝子体内にも不純物が増えるため、光の散乱が生じてギラギラした眩しさを感じやすくなります。

他にも目のレンズにあたる水晶体が濁って黄色化し、短い波長の色光（青色や紫色）は通りにくくなります。そ

れゆえ、高齢者には青や紫系統の色は暗く感じられ、茶色や黒との区別はつきづらくなります。

彩度は全般的に低下して感じられますが、特に損なわれるのが青と黄色への感度で、その彩度を低く見積もる傾向があります。白は黄色と区別しにくくなり、加えて赤系の色は相対的に明るく感じられる傾向があります。

そのため重要な情報を伝えるべきデ

ザインなどの配色では、近似色や同色系は避けなければなりません。

事例①特別養護施設

　それでは実際に介護施設の色彩事例を紹介しましょう。ここで紹介するのは2019年に行った、千葉県館山市に開所した特別養護老人ホーム「館山明光苑」の色彩計画です。

　館山市は温暖な気候に恵まれ、自然に恵まれた環境に位置しています。そうした背景から、JR内房線館山駅は白い壁にオレンジ色の屋根瓦を基調とした南欧風リゾート様式のデザインで統一されています。駅近辺一帯は同系色の色合いの建物が立ち並び、現在では館山を象徴する街並みとして知られるようになっています。その景観づくりの手本となっているのは、地中海に面した南欧の街並みです。

　それらを踏まえ、今回の色彩計画では周囲の環境にふさわしい温かな陽光、地域にちなんだ青い海、木々の緑、美しい花の色など、この地域にふさわしい風光明媚な環境を提案しました。全体カラーデザインのコンセプトは風光明媚な「空と海」「緑と花」、外装カラーデザインのコンセプトは「穏やかな陽光」です。

　まず外装はアースカラーをメインに、2〜4階は黄色みを帯びた暖かいベージュで降りそそぐ温かな光を表現。1階は日だまりの土をイメージしたミディアムブラウンの配色としました。

　施設の内部、玄関を入ってすぐのエントランスフロアは施設の顔ともいえるスペースです。ブルーで表示している部分はエントランスからエレベーターホール部分と、そこからさらに奥に位置する地域交流センターです。このエリアは「海と空のゾーン」として、3種類のブルーを使ったカラーデザインを行っています。トーンと色みの異なった青を使うことで、爽やかな海の色、空の色を表現しました。

　寒色系が多いので、手すりや家具な

館山明光苑の外装。周囲の景観になじみやすい、穏やかで落ち着いた暖かみのある色を基調色とした外観の色彩。

どに木製の素材を取り入れて、暖色系をアクセントとして、晴れ晴れとした海辺のリゾートを思わせる室内空間としています。

緑と花のゾーンである食堂兼機能訓練室には、ブライトトーンの緑と菜の花をイメージした黄色の2色を使い、活き活きとした雰囲気を演出しています。

黄緑系の緑は、これから健やかに伸びゆく若葉の色です。黄色は菜の花だけでなく、館山に降りそそぐ太陽の光であり、空間全体に明るさをもたらします。いずれも健康的でフレッシュな気分を促す色彩効果があり、前向きで楽しい気持ちを利用者の方に与えることができます。

以前に横浜市内で行った特別養護老人ホームの色彩計画で、リハビリ室に

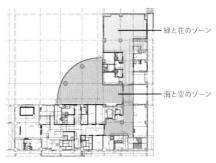

緑と花のゾーン

海と空のゾーン

空間の用途別にゾーニングを行い、コンセプトに基づき機能に応じたテーマカラーを設定。

同様の2色のコンビネーションのカーテンを用いたことがあります。「気持ちが明るくなる」「爽やかでリフレッシュした気分になれる」など、利用者の方々から好評でリハビリに対してもプラスの効果がありました。

鮮やかな黄色は集中力と覚醒をもたらす効果もあることから、機能訓練室の色として採用しました。

エントランスの「海と空のゾーン」（上）と、食堂兼機能訓練室の「緑と花のゾーン」（下）
設計：バウ・コーポレーション株式会社

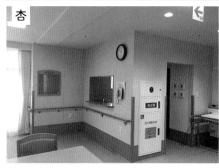

館山明光苑の各フロア。テーマカラーでそれぞれの空間に特色を持たせ、利用者の認識に役立てている。

その他の各フロアのユニットには「桃」、「空」、「杏」、「松」、「麦」、「藤」をモチーフにしたカラーを設定し、入口のほか、内部の共用空間のアクセントカラーとしています。共用部にはっきりとした色を使用しているので、各居室は温和で淡いトーンのカラーを壁の一部に取り入れて特徴付けを行い、単調な空間にならないよう色彩を設定しています。

■ 事例②高齢者向け施設

次はパナソニック エイジフリー株式会社が運営する高齢者向け施設を紹介します。

施設全体のカラーデザインテーマは

「ナチュラルモダン〜温かみとスタイリッシュの共存〜」です。

ベースカラーは黄みのベージュで、明るく自然な雰囲気を思わせる色彩です。また寄木調のデザインで温かみを演出しています。サブカラーは黒としました。素材感が自然の石に近いため、暗さや威圧感というよりも黒の持つ粋な重厚感と落ち着きを感じさせ、スタイリッシュなイメージを与えます。ベージュと黒のコントラスト配色は、建物全体にモダンなメリハリを生み出します。

エントランスの外観は天然石の繊細な素材感とナチュラルな色合いのサイディング（外壁材）を使用し、程良い変化を与えました。

エントランスを入った突き当たり正面に設置したアクセントクロスは、パナソニック エイジフリー（Panasonic Agefree）の頭文字、P と A をモチーフとしたデザインです。アクセントクロスの色彩は、外装から内装までの空間の連続性をテーマにしており、ナチュラル、モダン、実りある時間を表し、外部と内部の色に連続性を持たせています。

トイレは視認性を重視して外部と内部で対照的な色、便座や手すりもクロスの色との明度差を確保しています。

色は利用者の積極性を促し、働くスタッフの意欲を高めるはたらきもあり、介護施設における色の心理効果はますます重要視される傾向にあります。

パナソニック エイジフリー株式会社運営の高齢者向け施設の外観（左）、アクセントクロス（右）、トイレ（左下）、食堂機能訓練室（右下）。

売れているのはどんな色？ 商品の色の最新事情

「SDGs」の取り組みもあり、誰もが使いやすく手に取りやすい色の製品が増えています。

■ ジェンダーレスカラーの登場

食品に限らず、日用品や化粧品など、スーパーやコンビニ、バラエティショップなどの棚に並ぶ数ある商品を選ぶ時、パッケージのデザインを購入の決め手とする人は多いと思います。

182ページでも述べましたが、84.7％の人が製品を購入する主な理由として色を挙げており、93％の人がビジュアルに基づいて購入を決定しています。

また、年齢、障がい、国籍、性別に関わらず、誰もが使いやすく魅力的なデザインは「ユニバーサルデザイン」といわれ、現在では多くの日用品、さまざまな場所でみられるようになりました。

数年前から「SDGs」（エスディージーズ：持続可能な開発目標）の取り組みや意識の高まりも、消費者が好む色に顕著な影響を与え、売れる商品のデザインは変化する傾向にあります。SDGs実現のキーワードとなる「ダイバーシティ＆インクルージョン」（Diversity & Inclusion ＝ 多様性の包括・受容）という観念も生まれ、行政や企業の積極的な取り組みが注目されています。

たとえば、SDGsでは目標のひとつとして「ジェンダーレス」を掲げています。

ボタニカルシャンプー「BOTANIST（ボタニスト）」でよく知られるI-ne（アイエヌイー）は、2020年9月にジェンダーレスカラーとなる「ネイビー」と「グレー」をヘアアイロンやドライヤーの色として追加・展開しました。結果的にこの2色は相当な人気となり、一時は品薄になるほどのヒット商品になりました。

また、近年カラーバリエーションが豊富になったランドセル市場では、ここ数年「キャメル」が人気急上昇の色として注目を浴びています。家具やインテリア雑貨などを扱うアクタス（ACTUS）では、ランドセルの2022年モデルでキャメルが男児・女児問わず最も売れ筋となっています。

■■ 人気の商品の色

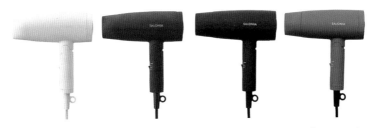

I-ne が販売している「SALONIA」のスピーディーイオンドライヤー。同シリーズのストレートヘア
アイロンとスピーディーイオンドライヤーの製品カラーに、ホワイトとブラックに加え、2020 年から
ジェンダーレスカラーとしてネイビーとグレーを展開している。

アクタスではキャメルのハーフ
カバーモデルが男の子にも女
の子にも人気。

「天使のはね」で有名なセイバンではミント（左）や
ラベンダー（右）などパステルカラーが女の子に人
気の色となっている。

▨ コスメのパッケージの色の変化

　少し前まで、コスメのパッケージと
いえば、ピンクや白、パステルカラー
などの可愛らしい色、または赤などが
市場の多くを占めていました。しかし
最近のヒット商品では「黒」が人気を
集める傾向にあります。

　黒はもともと、海外のハイブラン
ドコスメの CHANEL（シャネル）や

DIOR（ディオール）などのパッケー
ジでは定番の色で、「本物志向」、「高
級志向」の消費者からは一定の支持が
ありました。

　最近ではポーラが 2020 年 9 月にリ
ニューアルした、高級ライン「B.A」
の第 6 世代パッケージに「純粋な黒」
が用いられ、遺伝子研究と科学的な技
術に基づいた化粧品のイメージを打ち

ポーラの最高峰エイジングケアブランド「B.A」
の第 6 世代パッケージ

資生堂の樹木資源を未来につないでいくスキンケアブラン
ド「BAUM」

出しています。商品のコンセプトは「内
に秘めた無限の可能性」。無限や可能
性というキーワードを「すべての色を
内包する黒」で伝えています。

「サスティナブルコスメ」も SDGs に
も貢献できるとして、売れ行きが好調
です。サスティナブルは「SDGs」の「S：
持続可能な」という意味で、サスティ
ナブルコスメとは地球や生物のことを
考慮してつくられたコスメです。自然
や環境に配慮した素材が使われている
ため、アイボリーやベージュ、茶色な
どのパッケージが多くみられます。

たとえば資生堂の「BAUM」という
ブランドは、樹木に着目し、家具製造
の過程で出る端材、リサイクルガラス、
FSC 森林認証紙が使われており、「樹
木との共生」を表現したパッケージが
好評を博しています。

今後はコスメのデザインにもエコロ
ジカルな色彩が増えると予想されます。

■ カラフルになったマスク

コロナ禍によって私たちの日常生活
に定着したマスクは、ここ数年で色の
バラエティが驚くほど豊かになりまし
た。

もともとの色は定番の白に加え、ピ
ンク、黒、グレーなどでしたが、最近
ではくすみのあるニュアンスカラーが
人気です。理由としては顔色を明るく、
血色をよく見せる効果があるためです。
鮮やかな色のマスクは、第 2 章で紹
介した「彩度対比」によって肌がくす
んで見えがちですが、低彩度のくすみ
カラーは、肌色をトーンアップして見
せてくれるのです。

現在、アイリスオーヤマが販売
しているカラーマスク「DAILY FIT
MASK」は、白を含め 10 色のカラー
バリエーションを打ち出しています。
10 色は、ジェンダーフリーの「グレ
ー」「ネイビー」「ピンク」「ブラウン」

「ブラック」の5色と、女性のメイクやファッションになじみやすい「オリーブカーキ」「ローズグレー」「アッシュグレー」「ピンクベージュ」「シルクベージュ」の5色で、「美フィットマスク」として展開され、多くの消費者の支持を集めています。

ニュアンスカラーのマスクは今やおしゃれなイメージを演出するための必須アイテムです。肌色の傾向によって似合う色が違ってくるので、自分の顔色に映える色を選ぶようにしましょう。

■ 柔軟剤の色の傾向

衣類やタオルの感触をふっくらさせる柔軟剤。消費者は「香りにこだわる人」、「香りを避けたい人」のどちらかによって、選ぶ商品が変わります。

飲食店店員をはじめ接客業に従事している人は、無香料を選ぶことがほとんどでしょう。また柔軟剤の香りが苦手なユーザーもいます。

無臭の柔軟剤のパッケージには、

「白」と「青」、または「シルバー」が多く使われています。白はクリアでピュアなイメージ、青は清潔感と消臭効果、シルバーは抗菌などの機能面に優れた印象を伝えています。

特にライオンの「ソフラン プレミアム消臭 ウルトラゼロ」は、爽やかで清潔感のあるデザインが消費者に好評です。香りが強すぎず、消臭効果も備えた製品イメージを表現するために、パッケージの青い丸にはグラデーションが使われています。グラデーションは消臭の「オーラ」を表現し、青の色自体も強すぎず弱すぎずのトーンに調節されたデザインになっています。

はっきりとした色と柄のデザインを用いた柔軟剤は、香りを好む人に好まれ、黒を基調としたデザインもみられます。またフローラルの香りを好む人に人気なのはピンクや紫です。

最近ではボタニカルな香りが好まれる傾向もあり、緑や茶色をあしらったデザインも売れやすくなっています。

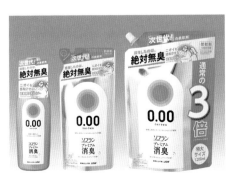

ライオンの「ソフラン プレミアム消臭 ウルトラゼロ」（左）と「ソフラン アロマリッチ Elly ナチュラルブーケアロマの香り」（右）

さくいん

● 主な参考文献・資料

『史上最強カラー図鑑 色彩心理のすべてがわかる本』山脇惠子 ナツメ社／『一瞬で心が整う「色」の心理学』南涼子 青春出版社／『介護力を高めるカラーコーディネート術』南涼子 中央法規出版／『介護に役立つ「色彩」活用術』南涼子 現代書林／『色彩の魔力』浜本隆志、伊藤誠宏編著 明石書店／『色世界の染料・顔料・画材 民族と色の文化史』アンヌ・ヴァリション著 河村真紀子、木村高子訳 マール社／『色彩の博物事典 世界の歴史、文化、宗教、アートを色で読み解く』城一夫 誠文堂新光社／『色彩検定公式テキスト3級編 2020年改訂版』公益社団法人色彩検定協会／『色彩検定公式テキスト2級編 2020年改訂版』公益社団法人色彩検定協会／『視覚』石口彰 新曜社／『視覚科学』横澤一彦 勁草書房／『青の歴史』ミシェル・パストゥロー著 松村恵理、松村剛訳 筑摩書房／『"よい色" の科学—なぜ、その色に決めたのか』近江源太郎 日本規格協会／『日本列島・好まれる色 嫌われる色』佐藤邦夫 青娥書房／『色彩の歴史と文化—共立女子大学・共立女子短期大学・公開講座』城一夫、山田欣吾、上坂信男、徳井淑子、池上公平、柏木希介 明現社／「High-testosterone competitors more likely to choose red」Association for Psychological Science 2013／「Nature 435, Psychology: Red enhances human performance in contest」2005／「The effects of perceiving color in living environment on QEEG, oxygen saturation, pulse rate, and emotion regulation in humans」University of Melbourne 2014／「都市緑化植物が保有するストレス緩和効果—揮発成分からみた癒しの効果—」岩崎寛 におい・かおり環境学会誌39（4）2008／「The Physiological Effect of Colour on the Suppression of Human Aggression: Research on Baker-Miller Pink」Alexander Schauss, 1985／「Feeling blue and seeing blue: Sadness may impair color perception」2015 Source: Association for Psychological Science／「Instagram photos reveal predictive markers of depression」EPJ Data Science 2017／「Atypical Color Preference in Children with Autism Spectrum Disorder」Marine Grandgeorge, Nobuo Masataka Frontiers in Psychology 2016／「Art therapy & Anxiety」Maarten Muns, Scientific Communications Adviser, Leiden University 2020／「Preliminary Evidence that Adult Coloring Reduces Depressive Symptoms and Anxiety」Creativity Research Journal Volume 29, 2017／「The Connection Between Art, Healing, and Public Health」L.Stuckey, DEdcorresponding author and Jeremy Nobel, MD, MPH 2010／「The Color of odors」Brain and Language, 2001／「The Influence of Color and Label Information on Flavor Perception」Chemosensory Perception 2 University of Oxford 2009／「空間の色彩がヒトの味覚，嗅覚に及ぼす影響に関する研究」山下真知子 日本色彩学会誌41 2017／「The color red reduces snack food and soft drink intake」Oliver Genschow, Leonie Reutner, Michaela Wänke 2012／「Color, arousal, and performance—A comparison of three experiments」Rikard Küller,Byron Mikellides,Jan Janssens 2009／「Colour Boosts Brain Performance and Receptivity to Advertising, Depending on Task: UBC Study」THE UNIVERSITY OF BRITISH COLOMBIA, 2009／「THE EFFECT OF CLASS ROOM COLOUR ON LEARNING WITH REFERENCE TO PRIMARY EDUCATION; A CASE STUDY IN SRI LANKA」2017／「The Impact of Colors on Learning」Kansas State University Libraries 2018／「The influence of color on student emotion, heart rate, and performance in learning environments」First published／「ブース空間における色彩環境と空間の大きさが情報処理活動に与える影響」馬場哲平、渡邊朗子 日本建築学会計画系論文集第83巻／「Impact of color on marketing」Management Decision 44（6）2006

● 写真提供・協力

福島県立医科大学附属病院／熊本地域医療センター／館山明光苑／佐賀県立九州陶磁文化館／地域共生政策自治体連携機構全国キャラバン・メイト連絡協議会／株式会社アマナイメージズ／パナソニック株式会社／一般財団法人日本規格協会／一般財団法人日本色彩研究所／株式会社セブン＆アイ・ホールディングス／イケア・ジャパン株式会社／小田急電鉄株式会社／シースクエア株式会社／天然色工房tezomeya／石屋商事株式会社／青い森鉄道株式会社／福島県只見線管理事務所／有限会社新佳東山焼／国立国会図書館／名古屋城総合事務所／阪急電鉄株式会社／一般社団法人萩市観光協会／株式会社伊予鉄グループ／JR四国／見﨑直樹／穴田明徳／那覇市歴史博物館／東京消防庁／JR東海／嵐山町教育委員会／株式会社明治／カルビー株式会社／株式会社すかいらーくホールディングス／株式会社大戸屋／独立行政法人都市再生機構／鈴木自動車販売株式会社／株式会社アーバンプラン／大阪国際中学校高等学校／株式会社東京インターナショナルスクールグループ／株式会社パーク・コーポレーション／株式会社パリミキ／公益財団法人長寿科学振興財団／パナソニック エイジフリー株式会社／株式会社Ｉ－ｎｅ／株式会社アクタス／株式会社セイバン／株式会社ポーラ／株式会社資生堂／ライオン株式会社

● 著者紹介

南　涼子（みなみ　りょうこ）

一般社団法人日本ユニバーサルカラー協会　代表理事
健康検定協会理事

広告制作会社に務めていたときに色彩の重要性を知る。老人ホームのカーテンのリニューアルにより、色が認知症の高齢者の問題行動を軽減し、明るい気持ちになることや、職員の仕事へのモチベーションを高めることが分かり、高齢者施設・医療施設、福祉・医療製品のカラーデザイン及び監修を専門的に手掛けるようになる。

2001年に日本で初となる「ユニバーサルカラー®」を提唱し、2003年日本ユニバーサルカラー®協会を設立。2000年から現在まで「色彩と健康」、「色彩と福祉介護・医療」、さらに「色彩のユニバーサルデザイン」等をテーマとした全国各地での講演、講座や執筆を行う。

2003年〜2019年、明治大学公開講座講師。2021年〜山野美容芸術短期大学非常勤講師。その他TV、ラジオ、新聞、雑誌など各メディアでも活躍中。

著書に『一瞬で心を整える「色」の心理学』（青春出版社）などがある。

●スタッフ

本文デザイン	nanagraphics
本文イラスト	マスダアキ　大友陽子
編集協力	大西智美
編集担当	柳沢裕子（ナツメ出版企画）

本書に関するお問い合わせは、書名・発行日・該当ページを明記の上、下記のいずれかの方法にてお送りください。電話でのお問い合わせはお受けしておりません。
・ナツメ社webサイトの問い合わせフォーム
　https://www.natsume.co.jp/contact
・FAX（03-3291-1305）
・郵送（下記、ナツメ出版企画株式会社宛て）
なお、回答までに日にちをいただく場合があります。正誤のお問い合わせ以外の書籍内容に関する解説・個別の相談は、一切行っておりません。あらかじめご了承ください。

ナツメ社Webサイト
https://www.natsume.co.jp
書籍の最新情報（正誤情報を含む）を
ナツメ社Webサイトをご覧ください。

今と未来がわかる 色彩心理

2023年1月2日　初版発行

著　者	南　涼子	©Minami Ryoko, 2023
発行者	田村正隆	

発行所　株式会社ナツメ社
　　　　東京都千代田区神田神保町 1-52　ナツメ社ビル 1F（〒101-0051）
　　　　電話　03（3291）1257（代表）　FAX　03（3291）5761
　　　　振替　00130-1-58661

制　作　ナツメ出版企画株式会社
　　　　東京都千代田区神田神保町 1-52　ナツメ社ビル 3F（〒101-0051）
　　　　電話　03（3295）3921（代表）

印刷所　広研印刷株式会社

ISBN978-4-8163-7301-5

Printed in Japan